国家级职业教育规划教材
全国职业院校城市轨道交通专业教材

# 城市轨道交通车辆基础

人力资源社会保障部教材办公室组织编写

王 玫 主编

中国劳动社会保障出版社

## 简介

本书紧扣职业教育的特点和要求，结合职业院校城市轨道交通专业的教学实际进行编写，对城市轨道交通车辆各部件进行了较全面的介绍，主要内容包括城市轨道交通车辆概述、车体、车门、转向架、车辆连接装置、电力牵引系统、制动与供风系统，以及空调系统。本书内容选取以“适度够用”为原则，坚持理论与实践相结合，力求实用，突出技能培养，语言简洁明了，文字通俗易懂，具有较强的针对性。本书配有电子课件，可通过中国技工教育网（http://jg.class.com.cn）下载。

本书由王玫任主编，高洁、朱锴任副主编，孔炫今、王新梅、潘胜娟参加编写。

**图书在版编目（CIP）数据**

城市轨道交通车辆基础 / 王玫主编 .-- 北京：中国劳动社会保障出版社，2021
全国职业院校城市轨道交通专业教材
ISBN 978-7-5167-4784-1

Ⅰ. ①城… Ⅱ. ①王… Ⅲ. ①城市铁路－铁路车辆－高等职业教育－教材 Ⅳ. ①U239.5

中国版本图书馆 CIP 数据核字（2021）第 028390 号

**中国劳动社会保障出版社出版发行**
（北京市惠新东街 1 号　邮政编码：100029）
*
河北品睿印刷有限公司印刷装订　新华书店经销

787 毫米 ×1092 毫米　16 开本　10 印张　195 千字
2021 年 3 月第 1 版　2024 年 12 月第 5 次印刷
**定价：22.00 元**

营销中心电话：400-606-6496
出版社网址：http://www.class.com.cn
http://jg.class.com.cn

# 前　言

我国城市轨道交通自 1965 年北京地铁一期工程建设开始，经过了 50 余年的建设和发展，取得了显著成就。近年来，城市轨道交通正处于大规模高速发展时期，以北京、上海、广州为代表的特大城市已进入网格化建设阶段，尚有几十个城市正在建设或规划中。实践证明，发展城市轨道交通是解决城市交通问题的有效途径，对促进城市经济持续发展也起到了重要作用。

随着城市轨道交通行业的高速发展，城市轨道交通企业对从业人员的知识水平和职业能力提出了更高的要求。为了培养更加符合城市轨道交通企业需求的技能人才，我们组织了一批教学经验丰富、实践能力强的一线教师和行业、企业专家，在充分调研的基础上，编写了这套全国职业院校城市轨道交通专业教材。

这套教材包括《城市轨道交通概论》《城市轨道交通车辆基础》《城市轨道交通车站设备基础》《城市轨道交通行车组织》《城市轨道交通客运组织》《城市轨道交通车辆驾驶》《城市轨道交通乘客服务》《城市轨道交通车辆维护与检修》和《城市轨道交通安全管理》。

本次教材编写工作的重点主要体现在以下几个方面：

第一，突出教材的实用性。本着“学以致用”的原则，根据城市轨道交通企业的工作实际安排教材的结构和内容，对操作性较强的课程，教材在编写中安排了技能训练，突出对学生实际操作能力的培养。

第二，突出教材的先进性。根据城市轨道交通行业的现状和发展趋势，教材在编写过程中尽可能多地体现了新知识、新技术、新方法、新设备，以期缩短学校教育与企业岗位需求的距离，同时，严格执行国家最新技术标准。

第三，突出教材的易用性。新版教材充分考虑学生的认知规律，注重利用图表、实物照片和案例辅助讲解知识点和技能点，为学生营造生动、直观的学习环境，激发学生的学习兴趣。同时，教材还配有电子课件和习题册，便于教师开展教学和学生课后复习。

本套教材的编写得到了有关省市教育部门、人力资源社会保障部门和一批职业院校的大力支持，教材编审人员做了大量的工作，在此，我们表示诚挚的谢意！同时，恳切希望广大读者对教材提出宝贵的意见和建议。

人力资源社会保障部教材办公室

# 目　录


第一章　城市轨道交通车辆概述 …………………………………（ 1 ）

第一节　城市轨道交通车辆基础知识…………………………（ 1 ）

第二节　城市轨道交通车辆发展概况…………………………（ 13 ）

第二章　车体 ……………………………………………………（ 27 ）

第一节　车体概述………………………………………………（ 27 ）

第二节　不锈钢车体……………………………………………（ 33 ）

第三节　铝合金车体……………………………………………（ 36 ）

第四节　车体材料的选择………………………………………（ 40 ）

第三章　车门 ……………………………………………………（ 44 ）

第一节　车门的类型及编号……………………………………（ 44 ）

第二节　车门的结构……………………………………………（ 50 ）

第三节　车门的控制……………………………………………（ 53 ）

第四章　转向架 …………………………………………………（ 59 ）

第一节　转向架概述……………………………………………（ 59 ）

第二节　转向架构架……………………………………………（ 62 ）

第三节　轮对与轴箱装置………………………………………（ 63 ）

第四节　弹簧减振装置…………………………………………（ 67 ）

第五节　牵引连接装置与驱动装置……………………………（ 72 ）

第六节　常见城市轨道交通车辆转向架………………………（ 76 ）

**第五章　车辆连接装置** …………………………………………（80）
第一节　车钩……………………………………………………（80）
第二节　缓冲装置………………………………………………（86）
第三节　附属装置………………………………………………（89）
第四节　贯通道装置……………………………………………（92）
**第六章　电力牵引系统** …………………………………………（95）
第一节　电力牵引系统概述……………………………………（95）
第二节　电力牵引系统的结构和工作原理……………………（99）
第三节　辅助电源系统…………………………………………（114）
**第七章　制动与供风系统** ………………………………………（118）
第一节　制动系统概述…………………………………………（118）
第二节　供风系统………………………………………………（124）
第三节　制动控制系统…………………………………………（131）
**第八章　空调系统** ………………………………………………（136）
第一节　空调系统概述…………………………………………（136）
第二节　空调系统结构及制冷原理……………………………（139）
第三节　空调控制系统…………………………………………（147）
第四节　空调附属设备…………………………………………（149）

**参考文献** …………………………………………………………（154）

# 第一章　城市轨道交通车辆概述

## 学习目标：

- 掌握城市轨道交通车辆基本类型与组成。
- 熟悉城市轨道交通车辆技术参数。
- 掌握城市轨道交通车辆编组与基本标识。
- 了解城市轨道交通车辆限界计算。
- 了解国内外城市轨道交通车辆发展概况。

1863 年，世界上第一条城市地下铁路诞生于英国伦敦，起初车辆采用蒸汽机车牵引，而后由内燃机车所取代。1890 年，电力机车在德国柏林被应用于地下铁路领域，从此城市轨道交通正式进入快速发展阶段。目前，城市轨道交通车辆产业已有 100 多年的发展历史，随着科学技术的不断发展，城市轨道交通车辆设备也在不断地进行技术革新，以满足现代不同轨道交通系统的需求。

## 第一节　城市轨道交通车辆基础知识

车辆是城市轨道交通系统中直接用于运载乘客的工具，不同城市轨道交通线路的技术要求不同，其所投入运营的车辆也应具备不同的车辆技术参数、车辆编组与标识等。随着城市轨道交通的迅猛发展，越来越多不同类型的城市轨道交通车辆将投入运营，为广大乘客提供运输服务。

### 一、城市轨道交通车辆基本类型与组成

#### 1. 城市轨道交通车辆基本类型

城市轨道交通车辆选型应以线路条件、供电电压等主要技术条件为依据，相关技术指标应满足客运量及行车组织的要求。另外，选型时还需考虑车辆设备部件技术参数、当地环境与气候、外观与色彩等相关因素。

城市轨道交通车辆可按牵引动力配置、车体宽度与驱动方式以及其他条件进行分类。

（1）按牵引动力配置分类

1）动车。动车是指自身装备有动力装置，具有牵引与载客双重功能的城市轨道交通车辆。动车又可分为带受电弓动车与不带受电弓动车两类，带受电弓动车可表示为 Mp，不带受电弓动车可表示为 M。

2）拖车。拖车是指自身不具有动力装置，需要动车来牵引拖带，仅具有载客功能的城市轨道交通车辆。拖车可设置司机室，表示为 Tc；也可带受电弓，表示为 Tp。

通常情况下，城市轨道交通车辆为动车与拖车的有机组合，亦可称为动车组，一般用符号表示，例如“Tc=Mp※M=M※Mp=Tc”。

## 知识窗

**城市轨道交通车辆车钩**

除动车与拖车外，各车辆间起连接作用的车钩也可用符号表示。城市轨道交通车辆车钩一般可分为三种形式，即全自动车钩、半自动车钩和半永久车钩。

（1）全自动车钩是指电气部分和机械部分的连接及分离都为自动操作的车钩，其表示符号为“–”。

（2）半自动车钩是指机械部分的连接及分离都为自动操作，而电气部分的连接及分离都为人工操作的车钩，其表示符号为“=”。

（3）半永久车钩是指电气部分和机械部分的连接及分离都为人工操作的车钩，其表示符号为“※”。

（2）按车体宽度与驱动方式分类

1）A 型车、B 型车、C 型车。A 型车、B 型车、C 型车均为钢轮钢轨系列车型，分类标准主要是车体宽度。其中，A 型车车体宽度为 3.0 m，B 型车车体宽度为 2.8 m，C 型车车体宽度为 2.6 m。

2）D 型车。D 型车亦为钢轮钢轨系列车型，一般是经过结构改进的低地板轻轨车，可分为 70% 低地板车和 100% 低地板车两类。

3）L 型车。L 型车即为直线电动机系列车辆，直线电动机可将电能直接转换成直线运动机械能，不需任何中间转换机构。广州地铁直线电动机车辆如图 1–1 所示。

4）单轨型车。单轨型车为胶轮系列车型，可分为悬挂式单轨车辆与跨坐式单轨车辆。重庆轨道交通单轨车辆如图 1–2 所示。

图 1–1　广州地铁直线电动机车辆

图 1–2　重庆轨道交通单轨车辆

（3）按其他条件分类

城市轨道交通车辆还可根据车体制造材料、电压等级、受电方式和牵引控制系统等其他条件进行分类。

1）按车体制造材料不同，可分为耐候钢车、不锈钢车和铝合金车。

2）按电压等级不同，可分为直流 750 V 和直流 1 500 V 两类。

3）按受电方式不同，可分为受电弓受电和集电靴受电两类。

4）按牵引控制系统不同，可分为直流变阻车、直流斩波调压车、交流变压变频车和直流电动机变压变频车。

**2. 城市轨道交通车辆基本组成**

城市轨道交通车辆一般由车体、车门、转向架、制动系统、电力牵引系统、车辆连接装置、通风采暖及空调系统等基本部件组成。

（1）车体

车体是城市轨道交通车辆最重要的组成部件之一，位于转向架上，一般由底架、侧墙、车顶、前端、后端等组成。除去载客功能外，车体还是装载车辆机械、电气、电子等几乎所有设备的载体，列车司机室也设置在车体中。车体最初由普通碳素钢制造，后来，耐候钢车体由于具有耐腐蚀、使用寿命长等特点，得到了广泛应用。为实现车体轻量化，现代城市轨道交通车辆多采用不锈钢、铝合金制造。另外，车体的个别部位（如前端等）也可采用有机合成材料制造。城市轨道交通车辆需具备隔音、减振、隔热、防火等功能，以及在应急状态下尽可能保证乘客安全的逃生门等设施。

（2）车门

根据安装位置不同，城市轨道交通车辆车门可分为司机室门、司机室疏散门与客室车门。其中，司机室门一般采用折页门或手动塞拉门；司机室疏散门一般采用折页门，如图

1–3 所示；客室车门一般采用双开外挂式塞拉门或双开内藏式拉门，开度约为 1 300 mm，每辆车设置 3~4 对。双开外挂式塞拉门如图 1–4 所示，双开内藏式拉门如图 1–5 所示。车门数量多，操作频繁，是城市轨道交通车辆至关重要的组成部件。

图 1–3　司机室疏散门

图 1–4　双开外挂式塞拉门

（3）转向架

转向架是城市轨道交通车辆最重要的组成部件之一，是支撑车体并担负车辆沿轨道走行的支撑装置。安装在车辆底部的转向架如图 1–6 所示。

图 1–5　双开内藏式拉门

图 1–6　安装在车辆底部的转向架

为了改善车辆运行品质与满足运行要求，转向架设置有构架、轮对、悬挂系统、减振装置、基础制动装置和传动装置等，动车转向架还安装有牵引电动机、变速机构等装置。另外，为了便于车辆通过曲线，在车体与转向架之间设置有心盘或回转轴，使得转向架可以绕心盘或回转轴相对于车体而转动。

（4）制动系统

制动系统是城市轨道交通车辆必须装置的系统之一，其功能为根据列车实际运行需要使得车辆按规定减速、停车。在车辆运行过程中，制动系统是城市轨道交通车辆安全运行的保证，紧急情况下对减少事故与人员伤亡有着重要意义。

城市轨道交通车辆制动系统一般由制动控制系统与制动执行系统两部分组成。其中，制动执行系统又可分为摩擦制动、电气制动和磁轨制动等形式。

（5）电力牵引系统

城市轨道交通车辆多数以电能为牵引动力，电力牵引系统主要由牵引电动机、受流器、高压线、牵引逆变器模块（MCM）、过压保护电阻、电抗器和辅助电源系统等组成。

城市轨道交通车辆受电形式分为接触网受电和第三轨受电两类，因此，城市轨道交通车辆受流器可分为受电弓和集电靴两类，受电弓如图 1–7 所示，位于转向架上的集电靴如图 1–8 所示。

图 1–7　受电弓

图 1–8　位于转向架上的集电靴

（6）车辆连接装置

由于城市轨道交通车辆为多辆编组，车辆之间通过连接装置相互连接，从而实现相邻车辆之间的动力传递与通道的连接。因此，车辆连接装置主要包括车钩缓冲装置与贯通道装置，一般由车钩、缓冲装置、电气连接、风挡、渡板及贯通道等部分组成，全自动车钩如图 1–9 所示，半永久车钩与电气连接如图 1–10 所示、风挡装置如图 1–11 所示，渡板与贯通道如图 1–12 所示。

（7）通风采暖及空调系统

由于城市轨道交通车辆大多数运行于封闭或半封闭的地下空间，为改善乘客的舒适度，现代城市轨道交通车辆一般均设有通风空调系统，安装在车顶的空调如图 1–13 所示。运行在寒冷地区的车辆则设置有电热器，并由供电线路直接供电，具有电加热功能的座椅如图 1–14 所示。

图 1-9　全自动车钩

图 1-10　半永久车钩与电气连接

图 1-11　风挡装置

图 1-12　渡板与贯通道

图 1-13　安装在车顶的空调

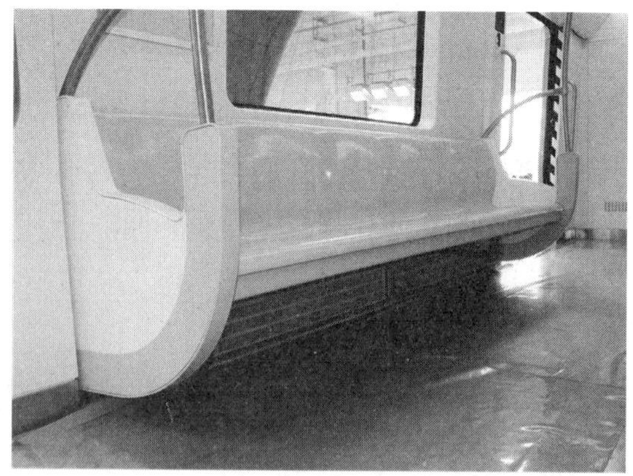

图 1-14　具有电加热功能的座椅

## 二、城市轨道交通车辆技术参数

城市轨道交通车辆技术参数可概括地介绍车辆的技术规格，从整体上表明车辆结构及性能，一般可分为车辆基本尺寸和车辆性能参数两大类。

**1.　车辆基本尺寸**

选择城市轨道交通车辆时需要考虑车辆的基本尺寸，具体包括下列几个方面：

（1）车体的长度、宽度、高度

车体的长度、宽度、高度又有车体外部与内部之分，车体外部长度、宽度、高度必须符合车辆限界的要求，而车体内部长度、宽度、高度则必须满足乘客运载等要求。

（2）车辆最大宽度与最大高度

车辆最大宽度是指车体最宽部分的尺寸。车辆最大高度是指车辆顶部最高点到钢轨水平面的距离。这两项尺寸参数也必须满足车辆限界的要求。

（3）车钩高度

车钩高度是指车钩钩舌外侧面中心线至钢轨轨面的高度，为了确保正常传递牵引力及列车运行时不会发生脱钩事故，列车中各车辆的车钩高度应基本一致。

（4）地板面高度

地板面高度是指新造或维修后的空车从地板面到钢轨轨面的高度。

（5）车辆定距

车辆定距是指车辆相邻两转向架中心之间的距离。

**2.　车辆性能参数**

城市轨道交通车辆的主要性能参数包括下列几个方面：

（1）自重、载质量及容积

自重为车辆本身的全部质量，载质量为车辆允许的正常最大装载质量，均以 t 为单位。容积以 $m^3$ 为单位。

（2）构造速度

构造速度是指在设计车辆时，按照安全及结构强度等要求设计的车辆所被允许的最高行驶速度。一般情况下，车辆的实际运行速度不允许超过其构造速度。

（3）轴重

轴重是指在某个运行速度范围内该车轴允许负担的包括轮对自身在内的最大总质量。轴重的选择与线路、桥梁及车辆走行部的设计标准有关。

（4）最小曲线半径

最小曲线半径是指配用某种形式转向架的车辆在车站、停车场或车辆段内调车时所能

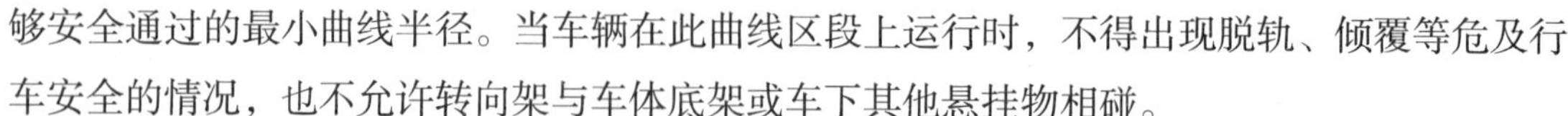

够安全通过的最小曲线半径。当车辆在此曲线区段上运行时，不得出现脱轨、倾覆等危及行车安全的情况，也不允许转向架与车体底架或车下其他悬挂物相碰。

（5）加速度

加速度参数包括最大启动加速度、平均启动加速度和最大制动减速度。其中，最大启动加速度为列车以最大牵引力启动时的加速度，平均启动加速度为列车以各级牵引力启动时的平均加速度，最大制动减速度为列车以最大制动力制动时的减速度。

（6）轴配置或轴列数

轴配置是指车辆转向架动轴或非动轴的配置情况。例如，四轴动车设置有两台动力转向架，则轴配置可表示为 B–B；六轴单铰轻轨车两端设置有两台动力转向架，中间为非动力转向架，则轴配置可表示为 B–2–B。

（7）供电电压

车辆供电电压一般可分为直流 1 500 V 与直流 750 V。

（8）最大网电流

最大网电流是指最大负荷时的网侧电流，由牵引电动机功率决定。车辆牵引电动机功率多在 180~300 kW。

（9）制动形式

车辆制动形式包括摩擦制动、再生制动、电阻制动和磁轨制动等。

（10）座位数及单位面积站立人数

该参数多与车辆尺寸、设计服务水平等因素相关，一般城市轨道交通车辆座位数较少，多为每个车厢 55~65 座，站立人数为 250 人左右，车辆超载时乘客总数按照 7~9 人 /$m^3$ 计算。

不同类型城市轨道交通车辆技术等级见表 1–1。

**表 1–1　不同类型城市轨道交通车辆技术等级**

| 系统类型 | | Ⅰ级 | Ⅱ级 | Ⅲ级 | Ⅳ级 | Ⅴ级 |
|---|---|---|---|---|---|---|
| | | 高运量 | 大运量 | 中运量 | 次中运量 | 低运量 |
| 适用车辆类型 | | A 型车 | B 型车 | C–Ⅰ、C–Ⅱ型车 | C–Ⅱ型车 | 有轨电车 |
| 单向最大客运量（万人次 /h） | | 4.5~7.5 | 3.0~5.5 | 1.0~3.0 | 0.8~2.5 | 0.6~1.0 |
| 线路 | 敷设形式 | 隧道为主 | 隧道为主 | 地面 / 高架 | 地面为主 | 地面 |
| | 路权形式 | 专用 | 专用 | 专用 | 少量平交 | 少量平交 |
| 车站 | 平均站距（m） | 800~1 500 | 800~1 200 | 600~1 000 | 600~1 000 | 600~1 000 |
| | 站台长度（m） | 200 | 200 | 120 | <100 | <60 |

续表

| 系统类型 | | Ⅰ级 | Ⅱ级 | Ⅲ级 | Ⅳ级 | Ⅴ级 |
|---|---|---|---|---|---|---|
| | | 高运量 | 大运量 | 中运量 | 次中运量 | 低运量 |
| 车辆 | 车辆宽度（m） | 3.0 | 2.8 | 2.6 | 2.6 | 2.6 |
| | 车辆定员（人） | 310 | 240 | 220 | 220 | 104~202 |
| | 最大轴重（t） | 16 | 14 | 11 | 10 | 9 |
| | 最高速度（km/h） | 80~100 | 80 | 80 | 70 | 45~60 |
| | 平均运行速度（km/h） | 34~40 | 32~40 | 30~40 | 25~35 | 15~25 |
| | 轨距（mm） | 1 435 | 1 435 | 1 435 | 1 435 | 1 435 |
| 信号 | 列车自动防护 | 有 | 有 | 有 | 有 / 无 | 无 |
| | 列车运行方式 | 自动驾驶 / 人工驾驶 | 自动驾驶 / 人工驾驶 | 自动驾驶 / 人工驾驶 | 人工驾驶 | 人工驾驶 |
| 运营 | 列车编组 | 6~8 | 6~8 | 4~6 | 2~4 | 2 |
| | 最小行车间隔（s） | 120 | 120 | 120 | 150 | 300 |

我国部分城市地铁车辆技术参数见表 1–2。

**表 1–2　我国部分城市地铁车辆技术参数**

| 车辆技术参数 | 北京地铁 1 号线 | 上海轨道交通 1 号线 |
|---|---|---|
| 车体长度（m） | 19.00 | 23.54（有司机室） |
| | | 22.10（无司机室） |
| 车体最大外宽度（m） | 2.80 | 3.00 |
| 车体最大外高度（m） | 3.175 | 3.80 |
| 车辆轴距（m） | 2.165 | 2.50 |
| 车钩高（m） | 0.66+0.01 | 0.72 |
| 每侧车门数 | 4 | 5 |
| 自重（t） | 30.94（动车） | 38.00（动车） |
| | 24.50（拖车） | 32.00（拖车） |
| 最高运行速度（km/h） | 80 | 80 |

续表

| 车辆技术参数 | 北京地铁 1 号线 | 上海轨道交通 1 号线 |
|---|---|---|
| 平均启动加速度（$m/s^2$） | 0.9（0~36 km/h） | 1（0~25 km/h） |
| | 0.5（0~80 km/h） | |
| 平均制动减速度（$m/s^2$） | 1.0（常用制动） | 1.0（常用制动） |
| | 1.2（紧急制动） | 1.3（紧急制动） |
| 定员数（人） | 251 | 310 |
| 超载时乘客总数（人） | 350 | 410 |

## 三、城市轨道交通车辆编组及标识

### 1. 车辆编组

城市轨道交通车辆运营时一般采用拖动结合、固定编组的方式，即动车组，由动车和拖车通过车钩相互连接而成一个相对固定的编组，称为一个单元，一列车可由一个或多个单元编组而成。根据具体运营情况，车辆编组形式可采用全动车形式或动拖车有机结合的固定编组形式，但每列车的首车和尾车必须带有司机室。

（1）车辆编组三要素

城市轨道交通车辆编组主要考虑车辆类型、编组辆数、编组车辆动车与拖车比例三个要素，简称车型、辆数、动拖比。

（2）车辆编组形式

车辆编组形式应根据城市轨道交通具体运营情况进行设计与调整。以北京地铁为例，早期的北京地铁采用直流牵引电动机，按全动车设计，两车为一个单元，使用时按 2、4、6 辆编组连成列车组。后来，北京地铁车辆采用贯通式车厢，乘客能够在车厢内任意走动，以一个动车与一个拖车为一个制动单元，使用时进行适当调整。

当采用 6 节编组时，车辆排列为：

–Tc=Mp※M=M※Mp=Tc–

当采用 8 节编组时，车辆排列为：

–Tc=Mp※M=Mp※M=Mp※M=Tc–

## 知识窗

目前，大连地铁车辆编组形式主要分为三类。比如，大连地铁 1 号线车辆为 6 节编组，四动两拖；大连地铁 3 号线车辆为 4 节编组，两动两拖；大连地铁 3 号线支线车辆为 2 节编组，均为动车。

**2. 车辆标识**

（1）车辆的车端、车侧

1）车端。城市轨道交通车辆两端的车钩一般都不为同一类型的车钩，因此将车钩自动化程度较高的车辆端定义为 1 位端，而车钩自动化程度较低的车辆端定义为 2 位端。若乘客站立在城市轨道交通车辆的 1 位端，面向 2 位端时，则该名乘客的右侧就称为该车辆的右侧，该名乘客的左侧则称为该车辆的左侧。

2）车侧。车侧的定义与车辆车侧的定义是不同的，其是以司机坐在列车的驾驶端座位上驾驶列车的方位来确定的。因此，司机的右侧即为列车的右侧，司机的左侧即为列车的左侧。换言之，列车的车侧是根据列车的行驶方向来定义的，与道路交通车辆按行驶方向定义左右侧是相同的。

（2）车厢的编号

1）车厢编号。车厢编号由 6 位数字组成，前两位表示所属线路，第三、第四、第五位表示该车厢在所属线路中的车厢总编号，最后一位表示车辆类型，只由 1、2 或 3 来表示，其中“1”表示带司机室的拖车（Tc），“2”表示带受电弓的动车（Mp），“3”表示不带受电弓的动车（M）。例如，“050481”即表示该车厢为轨道交通 5 号线所属的第 48 节车厢，且为带司机室的拖车。

2）车厢应急编号。为让乘客准确了解所在的车厢位置，在城市轨道交通车辆车厢端部与车厢车体外部粘贴或涂装有车厢应急编号，该编号由 5 位数字组成，如图 1–15 所示。其中，前两位表示所属线路，第三、第四位表示该车厢为所属线路的第几列车，最后一位表示该车厢在所属列车中的编号，由列车 1 端往 2 端编排。例如，“03035”即表示该车厢为轨道交通 3 号线第 03 号列车的第 5 号车厢。

（3）车门编号

车辆的客室车门一般采用双开外挂式塞拉门或双开内藏式拉门，车辆每侧设有相同数量的门扇，每扇门为两片门叶。为了方便维护检修，则需为车门编号，车门编号的规则为：自 1 位端到 2 位端，右侧为由小到大的连续奇数，即 1/3、5/7、9/11、13/15、17/19；左侧为由小到大的连续偶数，即 2/4、6/8、10/12、14/16、18/20。车门编号如图 1–16 所示。

（4）座椅编号

城市轨道交通车辆座椅编号方式与车门类似，此处不再赘述。

## 四、城市轨道交通车辆限界

限界是指城市轨道交通列车沿固定的轨道安全运行所需要的空间尺寸，系统内各种建筑物及设备均不能侵入限界范围内。根据城市轨道交通系统的基本组成与设备运营要求，限界可分为车辆限界、设备限界、建筑限界和接触网（轨）限界四类，此处仅介绍车辆限界。

图 1–15　车厢应急编号

图 1–16　车门编号

**1. 车辆限界的基本概念**

车辆限界是指城市轨道交通车辆在正常行驶过程中形成的最大动态包络线。其中，直线段车辆限界分为隧道内车辆限界和高架或地面线车辆限界。高架或地面线车辆限界应在隧道内车辆限界的基础之上，另外再加上当地最大风荷载所引起的横向或竖向偏移量。

车辆限界规定了城市轨道交通车辆和隧道断面的形状与净空尺寸，以及高架与地面建筑物的净空尺寸，同时还规定了设备安装位置及预留空间，是城市轨道交通系统安全运营的基本保证之一，也是设计城市轨道交通系统的基础。特别是地下线路，由于设备均需紧凑安装于横断面直径、平曲面半径较小的隧道内，对城市轨道交通车辆限界与设备限界提出了更高的要求。

**2. 车辆限界的计算**

城市轨道交通车辆在隧道内行驶，隧道结构内部要有足够的空间，限界越大，安全度越高，但工程量与工程建设资金也随之增加。因此，合理限界的确定既要考虑保证列车运行安全，又要考虑工程建设成本。

（1）车辆限界计算原则

1）限界是确定行车轨道周围构筑物净空的大小，以及管线和设备安装相互位置的依据，为行业间共同遵守的技术规定，应经济、合理、安全、可靠。

2）限界应依据城市轨道交通车辆的轮廓尺寸、技术参数、轨道特性、受电方式、施工方法与设备安装等综合因素进行分析计算后确定。

3）限界的计算是以平直线上混凝土整体道床和碎石道床的线路为基本条件，根据隧道内及地面运行环境不同，分为地下线车辆限界与高架线（含地面线）车辆限界两种基本类型。

4）曲线段不同于上述两种情况，增加的附加因素是设备限界内考虑加宽与加高。

5）限界的计算要素可分为随机因素与非随机因素。计算非随机因素时按线性相加合成，计算随机因素时按高斯概率分布采取均方值合成，将以上两大类计算结果相加形成车辆的动态偏移量。

6）所有侧倾角度引起的偏移量合成后，其大小受限于车辆结构上的竖向止挡。横向位移量和竖向位移量大小受限于车辆结构上的横向止挡及竖向止挡。

7）计算隧道内平直线、高架线（含地面线）两类车辆限界时均采用统一的计算公式，操作时应根据不同类别情况合理选用不同的计算参数。

8）计算限界偏移量时，对车体、转向架、受电弓（集电靴）三部分分别进行计算。

9）车辆运行时，必须根据计算结果确定车辆动态包络线是否超越车辆限界。

10）计算中涉及的计算车辆轮廓线及计算参数仅供制定限界时使用，并非对车辆规格和参数作强制性规定。实际制造的车辆应以实际参数按基本规定验算是否符合车辆限界要求。

（2）车辆限界计算要素

城市轨道交通车辆限界应按照车辆的轮廓尺寸和技术参数，并考虑其静态和动态情形下所能达到的横向或竖向偏移，根据可能发生的最不利情况进行组合计算确定。车辆限界计算要素如下：

1）车辆制造误差。

2）车辆维修限度。

3）转向架轮对处于轨道上的最不利运行位置。

4）轮对相对于构架的横向振动量。

5）转向架构架相对于车体的横向位移量。

6）车辆的空车、重车挠度差及垂向位移量。

7）轨道线路的几何偏差（含维修限度）。

8）一系悬挂侧滚位移量。

9）二系悬挂侧滚位移量。

10）由车辆制造过程中设备安装不对称、运行中乘客分布不对称、轨道不平顺等因素引起的偏斜。

## 第二节　城市轨道交通车辆发展概况

城市轨道交通车辆是城市轨道交通系统中用于输送乘客的直接设备。历经100多年的不断发展，城市轨道交通车辆的主要技术特征也在不断适应现代轨道交通系统的要求，具备载客能力强、动力性能好、安全可靠性高、环境条件好、牵引灵活与节能环保等特点。

## 一、国外城市轨道交通车辆发展概况

国外城市轨道交通按技术特征分类，主要有地铁系统、轻轨系统、单轨系统、有轨电车、磁浮系统、自动导向轨道系统和市域快速轨道系统。这里将对国外城市轨道交通车辆中的地铁车辆、轻轨车辆和单轨车辆进行详细介绍。

### 1. 地铁车辆

总体来说，国外地铁车辆发展方向主要包括运行速度、传动方式、结构材料、空调设备、模块化制造、计算机控制与通信网络、制动系统等。

（1）提升最高运行速度

随着城市轨道交通车辆技术的不断发展，地铁车辆的最高运行速度不断提高。例如，法国巴黎地铁车辆初期最高运行速度为 80 km/h，平均运行速度为 23.7 km/h，近年来已将地面线路地铁车辆的最高运行速度提高到 100 km/h，平均运行速度已达到 50 km/h；俄罗斯莫斯科地铁车辆最高运行速度由起初的 90 km/h 提高到 100 km/h，平均运行速度已达到 41 km/h；美国纽约地铁车辆最高运行速度由起初的 70 km/h 逐步提高到地面线路为 130 km/h，1974 年 R–44 型地铁车辆的最高速度已达到 133 km/h；日本地铁车辆在地下最高速度为 70~80 km/h，到地面区段最高运行速度已达到 120 km/h。

（2）发展交流传动车辆

城市轨道交通发展初期，地下铁路车辆为蒸汽机车牵引，1890 年电力机车牵引开始应用于轨道交通领域。起初电力机车采用直流电动机牵引，控制方式为凸轮变阻调速方式，后来控制方式发展为斩波器调速控制。20 世纪 90 年代，由于电工电子技术与计算机控制技术的高速发展，大功率自关断元器件实现产品化与实用化，电力机车的控制方式迅速发展成变频变压调速控制（VVVF）技术，从此交流传动车辆广泛应用于城市轨道交通系统中。例如，日本东京、大阪、名古屋等城市自 1991 年起，新投入运营的地铁车辆均采用交流传动装置；而后法国巴黎、德国法兰克福逐步采用交流传动地铁车辆；同时，英国、俄罗斯、美国、韩国、墨西哥、西班牙等国家都在订购交流传动地铁车辆。交流传动车辆逐渐广泛运用于世界各地城市轨道交通系统中。

（3）革新车体结构材料

最初地铁车厢为木制，后来为减少火灾隐患而改为钢制结构材料。美国最早由巴德公司制造了不锈钢车体，纽约地铁大部分轨道交通车辆采用了不锈钢车体。20 世纪 60 年代初，日本引进不锈钢车体技术，自 1962 年开始生产了南海电铁 6000 系、京王电铁 3000 系

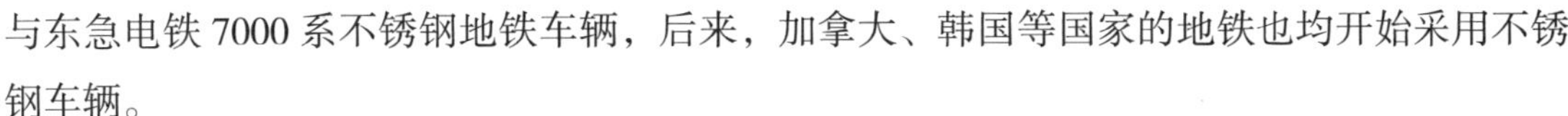

与东急电铁 7000 系不锈钢地铁车辆，后来，加拿大、韩国等国家的地铁也均开始采用不锈钢车辆。

为有效地降低维修成本与车体自重，19 世纪末、20 世纪初，铝合金车体结构开始应用于轨道交通领域。1896 年，法国将铝合金材料应用于铁路客车车窗；1905 年，英国铁路电力车辆外墙板采用了铝合金材料；20 世纪 20 年代，美国已有 700 辆电力机车、客车的侧墙与车顶采用铝合金材料；20 世纪 60 年代，德国科隆、波恩市郊电车和慕尼黑地铁车体也采用了铝合金材料；20 世纪 80 年代，日本先后在 6000 系、7000 系、8000 系等地铁车辆上采用了铝合金材料；而后意大利米兰地铁、奥地利维也纳地铁和新加坡地铁也都纷纷应用了铝合金材料。

（4）发展空调地铁车辆

根据地铁系统建筑物结构特点，其车站与区间隧道均为密闭性较好的地下建筑，地铁车辆内的空气质量会受到较大影响。为了提供舒适的乘车环境，地铁车辆需装配大功率的空调设备。地铁车辆空调设备不仅关系到乘客的舒适性与安全性，还直接影响投资与运营成本。因此，城市轨道交通系统应合理发展节能环保又有很好的换气效果的空调地铁列车。

1976 年，纽约地铁第一列装有空调设备的 R–38 型地铁列车投入运营，直到 1992 年，95% 的地铁车辆都安装了空调设备。1997 年，东京地铁中配置空调设备的车辆已占全部车辆总数的 50% 左右。目前，城市轨道交通系统新投入运营的地铁车辆均以空调车辆作为首要选择。

（5）车辆模块化设计与生产

世界上地铁与轻轨车辆的主要制造商有西门子公司、阿尔斯通公司、庞巴迪公司和日本东急公司等。20 世纪 90 年代，地铁车辆车体结构的模块化设计与生产开始逐步发展，这是一种新型的车辆制造技术。地铁车辆模块化设计与生产技术的应用大大地简化了车辆制造工艺流程，并可依照用户的不同要求对车辆结构进行优化组合，缩短了车辆设计与制造周期，具有显著的经济效益。

（6）采用计算机控制与诊断和通信网络技术

20 世纪 80 年代，机车计算机的雏形诞生，但仅应用于列车传动控制装置。随着控制服务对象的增多，列车通信网络在初期的串行通信总线的基础上产生，并推出国际标准。自 20 世纪 90 年代以来，各国生产与制造城市轨道交通车辆时，在牵引与制动控制中均采用了计算机控制与诊断技术，并由单计算机控制发展为多计算机控制。同时，各国也在积极发展和应用通信网络控制技术，实现城市轨道交通列车设备运行控制与故障诊断、乘客信息的传递和服务。

（7）发展模拟式电气控制制动系统

目前，世界各国地铁与轻轨车辆的生产与制造均应用了模拟式电气控制制动系统，该系统采用一条列车线贯通整列车并形成连续的回路，其电气指令采用脉冲宽度调剂，并能够进行无级控制，满足城市轨道交通列车制动频繁、制动距离短、停车精度高等相关要求。

**2. 轻轨车辆**

在城市轨道交通发展中，由于旧式有轨电车运行速度慢、正点率低、噪声污染大、加速性能低、乘客舒适度差，在汽车工业发展的冲击下，有轨电车的发展停滞不前，甚至被拆除。直到 20 世纪 80 年代至 90 年代，人们意识到地铁系统建设投入高、运行能耗大、噪声振动大等问题，在建设地铁的同时同步发展了新型轻轨交通。

据统计，已有 50 多个国家建设了 360 多条轻轨交通线路，运营车辆中大部分为 100% 低地板轻轨车辆或 70% 低地板轻轨车辆。

（1）低地板轻轨交通的发展优势

与其他城市公共交通方式相比较，低地板轻轨交通车辆具有环境污染小、节约能源、投入资金少、舒适性好与外形美观等优势，能够满足中型客运量的城市公共客运交通需求。

1）环境污染小。轻轨交通车辆采用电力牵引，行驶中不产生污染废气，并且车辆与轨道的良好动力性能可使车辆运行时轮轨振动与噪声进一步减弱。同时，轻轨交通轨道线路两侧设置的绿化带也能够美化城市环境，使得噪声污染进一步削弱。

2）节约能源。从人均能耗的角度出发，城市道路公交人均能耗约为城市轨道交通人均能耗的 1.8 倍，私人小汽车人均能耗约为城市轨道交通人均能耗的 5.9 倍，可见城市轨道交通是城市交通体系中最为节能的出行方式之一。而在城市轨道交通系统中，轻轨系统的人均能耗又低于地铁系统。

3）投入资金少。与私人小汽车相比，城市轨道交通的单位社会成本相对较低，而轻轨系统单位社会成本又低于地铁系统。另外，资料显示，地铁系统每千米工程造价为 5 亿 ~8 亿元，而轻轨交通每千米工程造价为 1.5 亿 ~3.5 亿元，仅为地铁系统工程造价的 1/4~1/2。

4）舒适性好。低地板轻轨车辆的减振性能与轨道稳定性能使得轻轨车辆行驶过程中所产生的振动与噪声大大减小，可保证轻轨车辆运行平稳顺畅。此外，轻轨车辆的低地板与无缝登车踏板设计使乘客能够无障碍乘降，提高了乘客乘车舒适度。

5）外形美观。目前，低地板轻轨车辆不仅能为乘客提供舒适的乘车环境，还具有现代、美观的车辆外形设计，能够较好地与其他城市景观协调融合，成为现代化城市内部的一道亮丽风景线。

（2）低地板轻轨车辆的主要类型

1986 年，法国车辆制造厂商为南特市第二条轻轨线路制造了 3 节编组的轻轨车辆。为方便乘客从站台能够直接进入车内，该轻轨车辆采用了两端为 870 mm 高地板面动车、中间为 350 mm 低地板面拖车的车辆结构，获得了用户与广大乘客的欢迎。这标志着轻轨车辆由高、中地板面向低地板面踏出了重要的一步，为低地板轻轨车辆的发展奠定了良好的基础。

目前，按技术的复杂程度不同，轻轨车辆发展主要可划分为三个阶段。

1）第一代低地板轻轨车辆。车辆的中间部分设置有一个低地板进口，低地板区域长度约占地板总长度的 10%~15%，通过改进车辆结构，低地板区域长度可达到地板总长度的 50% 左右。总体来说，第一代低地板轻轨车辆仍采用常规转向架，设计为分段式低地板，并且车内需要台阶过渡，如图 1–17 所示。

2）第二代低地板轻轨车辆。与第一代低地板轻轨车辆相比，第二代低地板轻轨车辆具有较长的低地板区域，低地板区域长度约占地板总长度的 60%~70%，但车辆内部仍需设置台阶向高地板区域过渡，如图 1–18 所示。第二代低地板轻轨车辆的中间走行部采用了一种全新的安装方式，主要有小车轮拖车走行部、独立车轮走行部与独立旋转车轮走行部三种方式。

图 1–17　第一代低地板轻轨车辆

图 1–18　第二代低地板轻轨车辆

3）第三代低地板轻轨车辆。第三代低地板轻轨车辆即为 100% 全低地板式轻轨车辆，如图 1–19 所示。与第二代低地板轻轨车辆相比，100% 全低地板式轻轨车辆动力转向架也采用了独立车轮，取消了车轴，使得动力转向架上方的中间通道也可做成低地板区域，而两侧车轮突起部分可设置座椅，从而实现了 100% 低地板，且低地板面距轨面通常仅 350 mm。

**3. 单轨车辆**

单轨交通系统主要架设在城市道路交通拥挤区域，是由架空的单根钢筋混凝土制或钢制轨道梁构成的城市轨道交通线路。单轨车辆沿架空的轨道运行，具有线路占地少、构造简单、建设工程造价低、施工工期较短、运行速度高、爬坡能力强、转弯曲线半径小、噪声振动低、乘客舒适度高、视野宽广等优势，受到各国中小城市的欢迎。

1820年，英国伦敦北部建设了世界第一条用于货物运输的单轨线路；1901 年，德国伍珀塔尔建成了用于乘客运输的单轨线路，并投入运营。20 世纪 50 年代以来，一些国家由于城市交通量激增，交通污染等公害问题日趋严重，单轨交通系统建设日益受到重视，日本、美国、瑞典、法国、德国、意大利等国均先后建成了单轨交通系统。例如，日本自 1955 年将单轨交通列为城市轨道交通的重要组成部分以来，已发展了 20 多条高架单轨线路，并生产了单轨车辆。

目前，单轨车辆可分为悬挂式单轨车辆与跨坐式单轨车辆。

（1）悬挂式单轨车辆

悬挂式单轨交通系统的轨道梁由一定跨距的钢支柱或钢筋混凝土支柱架设在空中，而车辆则悬挂在轨道梁下运行。悬挂式单轨车辆可分为非对称式与对称式两种。

1）非对称式悬挂式单轨车辆。这种车辆设置有吊钩，吊钩上设计有钢制车轮，车轮在铺设于轨道梁上的单根钢轨上运行。例如，德国伍珀塔尔市的单轨车辆即属于非对称式，该线路大部分架设于河流上空，沿河两岸架设人字形钢架，钢架上设置轨道梁。该条单轨线路于 1901 年建成，1903 年延长至 13.3 km，布设车站 20 座，最大坡度为 45‰，每列车为两节编组（每辆载 80 人，车辆长 12.2 m），最高运行速度可达 60 km/h。非对称式悬挂式单轨车辆如图 1–20 所示。

图 1–19　第三代低地板轻轨车辆

图 1–20　非对称式悬挂式单轨车辆

2）对称式悬挂式单轨车辆。这种车辆以一对橡胶车轮在轨道梁上的走行板上运行，轨道梁为箱形，悬吊于支柱的伸臂板下方。对称式悬挂单轨车辆以 SAFEGE 型为代表，日本单轨铁道协会已将 SAFEGE 型单轨线路作为悬挂式城市单轨交通系统的设计标准。对称式悬挂式单轨车辆如图 1–21 所示。

（2）跨坐式单轨车辆

跨坐式单轨交通系统的轨道梁一般为预应力混凝土箱形梁，而车辆跨坐在轨道梁上运行，并且车辆设置有动轮与导轮。车辆动轮以轨道梁顶面为走行面，车辆导轮以轨道梁的两侧面为走行面。车辆动轮用于承载车体，而车辆导轮用于保持车体稳定和导向。跨坐式单轨车辆如图 1–22 所示。

图 1–21 对称式悬挂式单轨车辆

图 1–22 跨坐式单轨车辆

1959 年，跨坐式单轨线路首先被应用于美国洛杉矶；1962 年，美国又在西雅图建成一条 1.6 km 长的跨坐式单轨线路；1964 年，日本东京建成一条通往羽田机场、长度为 13.1 km 的跨坐式单轨交通线路。

## 二、我国城市轨道交通车辆发展概况

### 1. 我国城市轨道交通车辆发展历程

为了解决城市交通拥挤问题，早在 20 世纪 50 年代，我国就决定在北京修建地铁系统。由于当时与国外技术交流甚少，我国仅能以极为有限的国外资料作为参考，自力更生，自主研发，并于 1967 年完全利用国产材料和配件生产出两辆 DK1 型地铁样车，填补了国内地铁车辆制造空白，如图 1–23 所示。

之后，我国开始批量生产地铁车辆，并不断改进设计、工艺，相应改变型号，技术水平不断提高。我国最早研制的地铁车辆为凸轮变阻车，主要型号有 DK1~DK4、DK8A、DK8、DK16、DK19、DK20，其中生产数量较多的车型有 DK2、DK3、DK4、DK8、DK16 和 DK20。

图 1–23 北京 DK1 型地铁车辆

应用斩波调压和数字式电空制动装置等新技术和新设备生产的斩波调压（或调阻）地铁车辆，实现了无级调速，所以运行平稳、乘坐舒适。我国设计制造的斩波调压地铁车辆型号主要有 DK6、DK9、DK13~DK15、T11000 等，斩波调阻地铁车辆型号主要有 DK11 和 DK21~DK27。

随着我国城市轨道交通建设的迅猛发展，各企业相继成功开发了北京不锈钢地铁车辆、天津津滨不锈钢城市轨道交通车辆、武汉铝合金城市轨道交通车辆、高档次 70% 低地板轻轨车辆、大连城市快速轨道车辆、DL6W 型现代轻轨电车、DL4W 型仿古轻轨电车等新型城市轨道交通电客车。这些车辆在设计制造中采用了多项自主创新技术，填补了多项国内空白，整车技术属国内领先水平，多项技术指标达到国际先进水平。

（1）北京不锈钢地铁车辆

北京不锈钢地铁车辆是中车长春轨道客车股份有限公司近年来成功开发的新型地铁车辆，如图 1–24 所示。

该车体钢结构在国内首次采用轻量化无涂装不锈钢鼓形车体，侧墙窗采用视野开阔的 1.6 m 大窗，车顶内装铝型材结构。车辆采用先进的 VVVF 交流传动系统、模拟式电空制动系统、列车自动防护车载设备、车载无线通信设备和列车监控系统等；无摇枕转向架的牵引装置采用无间隙的“Z”拉杆结构；基础制动采用维修工作量少的单元制动；采用降噪车轮，显著地降低了轮轨噪声。北京不锈钢地铁车辆的成功研制，填补了国内轻量化不锈钢车辆的空白，整车技术属国内领先水平，其多项技术指标达到国际先进水平，在 30 年使用寿命内基本无须维修。经过多年运营考验，车辆的各项性能指标良好，北京将继续采用轻量化无涂装不锈钢的地铁车辆。

（2）天津津滨不锈钢城市轨道交通车辆

天津津滨不锈钢城市轨道交通车辆是中车长春轨道客车股份有限公司为天津津滨轻轨（现天津地铁 9 号线）研制的一种轻量化车辆，如图 1–25 所示。天津津滨不锈钢城市轨道交通车辆为我国首批不锈钢城市轨道交通客车，它创造了多项全国第一，填补了多项城市轨道交通领域的技术空白。

图 1–24　北京不锈钢地铁车辆

图 1–25　天津津滨不锈钢城市轨道交通车辆

该车在设计制造中采用了多项自主创新技术，多项技术指标达到国际先进水平。车体采用高强度的不锈钢、铝蜂窝降噪隔音地板。外观为流线造型，连续窗带样式。首次研制成功的 110 km/h 无摇枕转向架在此车上的运用，使车辆平稳性更好、故障率更低。降噪车轮使车内外噪声明显降低。该车采用了国际先进的 IGBT 元件、VVVF 交流传动技术和大功率交流牵引电动机。该车还首次采用动态地图广播报站系统，实现了卫星定位自动报站功能。该车采用大开度双开电动塞拉门，既安全又可靠。

（3）武汉铝合金城市轨道交通车辆

武汉铝合金城市轨道交通车辆是我国首次自主研发设计的 B 型铝合金车体结构城市轨道交通车辆，如图 1–26 所示。

该车采用了轻量化铝合金车体，具有集预制冷、制冷、通风、紧急通风功能于一体的大功率空调系统，大容量无预压力冲击新型车钩装置及车端吸能结构，新颖、实用的内装与低噪声设计，密封性好的电动塞拉门侧门，以及超过 50 万 km 运营考验的无摇枕转向架和降噪车轮。该车采用了品质优良的 VVVF 交流传动牵引系统，技术先进、成熟、可靠的辅助供电系统，智能化列车监控系统，自动驾驶、无人驾驶及移动闭塞式车载信号控制系统，模拟式电空制动系统等 10 余项新技术，最高运行速度为 80 km/h，其综合技术性能在目前国内设计的城市轨道交通车辆中处于领先水平，自动控制性能达到了国际水平。

图 1–26　武汉铝合金城市轨道交通车辆

（4）DLW 系列轻轨电车

DLW 系列轻轨电车包括 DL6W 型现代轻轨电车和 DL4W 型仿古轻轨电车，由中车大连机车研究所有限公司与大连现代轨道交通有限公司联合研制，是大连市城市轨道交通线路改造配套的轻轨电车，DL6W 型现代轻轨电车如图 1–27 所示，DL4W 型仿古轻轨电车如图 1–28 所示。

DL6W 型现代轻轨电车作为国内首台自行设计和制造的具有自主知识产权的 70% 低地板交流传动轻轨电车，技术水平已达到国际上 20 世纪 90 年代先进水平。该车至今已成功运行 10 余年，是双司机室双向行驶单节电动轻轨电车。DLW 系列轻轨电车的成功运行，标志着我国低地板轻轨电车综合技术水平已接近世界先进水平，开拓了低地板轻轨电车在国内应用的先河，对我国低地板轻轨电车的发展起到了示范和样板作用。

图 1–27 DL6W 型现代轻轨电车

图 1–28 DL4W 型仿古轻轨电车

（5）高档次 70% 低地板轻轨车辆

高档次 70% 低地板轻轨车辆由中车唐山机车车辆有限公司研制，该车是目前国内首辆与发达国家具有同等档次和水平的 70% 低地板轻轨车辆，如图 1–29 所示。

该车构造速度为 70 km/h，额定载客量达 246 人，采用了铝质蜂窝状地板，实现了车体轻量化。车辆走行部采用自主设计的全新动力转向架，中间部位则采用了新型独立轮转向架。弹性车轮装置起到了降低噪声、减少振动的作用。车辆制动采用计算机控制的模拟直通制动系统，确保车辆安全运行。车辆的计算机控制系统实现了对车辆牵引、制动、状态、单元空调等信息的最优控制。该车外形采用了鼓形结构和流线型司机室，车辆内部各种设施简洁、实用，基本达到了欧美发达国家的档次和水平。该车于 2005 年 11 月在长春投入载客运营。

（6）大连城市快速轨道交通车辆

大连城市快速轨道交通车辆由中车大连机车车辆有限公司研制，国产化率达 70% 以上，目前已在大连地铁 3 号线投入运营，如图 1–30 所示。该车编组为两动两拖，全列座席 176 个，

图 1–29 高档次 70% 低地板轻轨车辆

图 1–30 大连城市快速轨道交通车辆

总载客量 784 人，超员状态载客量可达 1 054 人，最大设计速度为 100 km/h，启动 13.4 s 后速度即可达 40 km/h，1 min 内即可达到最大设计速度并以同样时间顺利停车。

该车采用大量国内外最新技术，牵引传动系统采用 VVVF 交流传动系统。车上安设 GPS 卫星定位系统、广播系统、信息显示系统、车内监控系统和多项自动保护装置，实现对各部件的实时监控。车窗为密封式结构，选用的是高档轿车使用的浅绿色中空玻璃，能有效隔离紫外线。车门选用目前国际流行的电动塞拉门并采取多项安全保护装置。车厢内部安有空调及良好的通风装置，装饰采用国内外流行的 PC 合金板或耐力板等环保材料，全部无钉、自然接缝，并具有良好的阻燃性。

（7）各大城市其他新型国产城市轨道交通车辆

随着我国城市轨道交通的迅速发展，各大城市纷纷开始发展不同技术要求的轨道交通系统，轨道交通车辆的技术标准也在不断变化，以满足不同制式轨道交通系统的要求。

1）北京地铁 1 号线新型车辆。北京地铁 1 号线新型车辆由中车青岛四方机车车辆股份有限公司生产，与之前的北京地铁 1 号线车辆相比，在安全性能和人性化设计方面均有较大突破和改观，如图 1–31 所示。

为确保乘客的安全，新型地铁车辆内设有闭路电视监控、烟雾预警等系统，其防火标准达到了英国 BS6853 标准，防火性能大大提高。新型地铁车辆的人性化设计也极为细致周到，为方便残疾人上下车，新车首次增设了自动伸缩的轮椅渡板。此外，新型地铁车辆还配有 LED 电子显示系统、液晶电视、电子地图、空调、即时广播等系统。

2）深圳地铁 1 号线车辆。深圳地铁 1 号线车辆由中车株洲电力机车有限公司承制。这是首个由中国企业自主投标、自主研制、具有自主知识产权的 A 型地铁车辆项目，该车辆的下线标志着我国成功实现了世界最高端地铁车辆的自主化生产，体现了“五自”，即自主投标、自主设计、自主制造、自主采购、自主管理。深圳地铁 1 号线车辆车体美观、坚固、节能、环保，创造了国内 A 型地铁车辆的轻量化纪录，如图 1–32 所示。

图 1–31　北京地铁 1 号线新型车辆

图 1–32　深圳地铁 1 号线车辆

由于采用最先进的铝合金全焊接技术，该车车体自重不到 52 t，比同类型地铁车辆轻 2 t 以上，由此每辆列车每年可减少运营耗电 12 万 kW·h 以上。车体呈鼓形，车身线条更为流畅美观，宽达 3.1 m，大大增加了乘客乘坐的舒适度，最大载客量可达 2 502 人。该车静强度试验超过国际标准。同时，该车具有完备的乘客信息系统，具备自动报站、电子地图、媒体播放功能，具有先进的视频监控系统、火灾探测系统、紧急疏散门系统。

3）上海轨道交通 3 号线新型车辆。上海轨道交通 3 号线新型车辆由法国阿尔斯通公司与中车南京浦镇车辆有限公司制造，如图 1–33 所示。

其中，301 号与 302 号列车从法国进口，其余 26 列在中车南京浦镇车辆有限公司完成生产。该车速度为 80 km/h，6 节编组，铝合金贯通式厢体，整列车最大载客量为 2 460 人，国产化率大于 70%。

4）成都地铁 1 号线车辆。成都地铁 1 号线车辆由中车青岛四方机车车辆股份有限公司制造，如图 1–34 所示。

图 1–33　上海轨道交通 3 号线新型车辆

图 1–34　成都地铁 1 号线车辆

成都地铁 1 号线车辆突出了先进、成熟、环保、人性化等设计理念，列车采用国际先进的交流传动牵引系统，车体采用先进的轻量化不锈钢车体，耐腐蚀性强、耐高温、寿命长。车体外表面涂漆处理，既绿色环保，又降低了对车体外表面的维护成本。车顶内装结构采用模块化结构，使车辆更趋轻量化，节能环保性能更加突出。成都地铁 1 号线车辆采用 6 节编组形式，四动两拖，最高运行速度为 80 km/h，每列车定员为 1 468 人，最多可载客 1 880 人。

**2. 我国城市轨道交通车辆发展存在的问题**

目前，我国城市轨道交通车辆发展现状与我国各城市轨道交通发展规划的要求和世界城市轨道交通车辆的发展水平仍有差距，主要问题体现在以下几个方面：

（1）车辆类型多样化有待提高

目前，我国 100 万人口以上的城市有 36 座，50 万 ~100 万人口的城市有 43 座。为改善城市交通拥堵状况、引导城市经济发展、减少环境污染、保护城市环境，许多大中城市政府部门均在积极发展城市轨道交通系统。由于各城市间的需求与发展存在差异，城市轨道交通系统类型应多元化，城市轨道交通车辆品种应多样化。因此，应促进我国城市轨道交通车辆品种多样化发展，满足城市轨道交通多元化的发展需求。

（2）交流传动车辆有待发展

与直流传动系统相比，交流传动系统具有恒功速度范围宽、功率因数与黏着系数高、牵引电动机结构简单与维修方便等显著优势。2003 年 8 月，国家标准《地铁车辆通用技术条件》（GB/T 7928—2003）中规定，今后我国新生产制造的地铁车辆全部采用交流传动车辆。因此，必须大力发展交流传动城市轨道交通车辆，满足城市轨道交通未来发展的需要。

（3）铝合金与不锈钢车辆有待发展

目前，北京地铁、天津地铁与大连快速轨道投入使用的部分车辆车体材料采用普通钢与耐候钢；上海地铁与广州地铁投入使用的车辆均采用铝合金车体；天津津滨快速轨道车辆采用了轻量化不锈钢车体。铝合金车体能够有效地降低维修成本与车体自重，不锈钢车体具有强度和刚度高、耐腐蚀能力强、维护保养成本低等优点。因此，必须加大发展不锈钢与铝合金车辆的力度，满足城市轨道交通发展的需要。

（4）车辆技术未完全实现国产化

交流传动装置、制动装置、计算机控制及诊断系统是城市轨道交通车辆的核心技术和关键部件。目前，我国城市轨道交通车辆的交流传动装置和制动装置基本全部由国外公司提供产品与软件。因此，加速车辆关键部件的国产化是我国城市轨道交通发展的当务之急。

（5）制造质量与技术水平有待提高

在我国城市轨道交通车辆生产制造初期，中车长春轨道客车股份有限公司与中车南京浦镇车辆有限公司以合资或合作方式生产了铝合金车，但最初两列车均在国外生产后运至国内，验收合格后投入运用，后续车辆在国内组装，而铝合金型材、交流传动装置与制动系统也均为国外采购国内组装。中车长春轨道客车股份有限公司为天津津滨快速轨道交通线路生产了不锈钢车，其不锈钢型材均从日本进口。中车大连机车车辆有限公司生产的快速轨道车辆的交流传动系统和制动装置由日本公司提供产品。因此，我国城市轨道交通车辆生产商正在逐步掌握城市轨道交通车辆关键技术与工艺，并逐步掌握车辆模块化生产工艺，不断提高城市轨道交通车辆的技术水平和产品质量。

## 思考与练习

1. 简述城市轨道交通车辆的类型和组成。
2. 城市轨道交通车辆基本尺寸有哪些?
3. 城市轨道交通车辆性能参数有哪些?
4. 车辆限界的计算原则与计算要素有哪些?
5. 简述国内外城市轨道交通车辆发展概况。

# 第二章　车　　体

## 学习目标：

- ◆ 掌握车体的作用与分类。
- ◆ 了解车体的特征与结构。
- ◆ 掌握不锈钢车体和铝合金车体的结构与特点。
- ◆ 了解车体模块化生产的优缺点。

车体是车辆结构的主体，既是用来容纳乘客和司机（对于有司机室的车辆）的部分，又是安装和连接其他设备及组件的基础。随着时代的发展，城市轨道交通逐渐体现出容量大、安全、快速、舒适、美观、节能的特性。车体的组成、构造、分类、材料及各类型车体的优缺点是运营管理、驾驶、检修岗位的工作人员必须学习和掌握的基础知识。

## 第一节　车 体 概 述

车体是由底架、侧墙、端墙及车顶构成的一个长方体，长期处于剧烈振动、承载量大而又不稳定等较为苛刻条件下，其总体结构形式、性能和技术经济指标取决于车体材料。

车辆车体结构由最初的全木结构逐渐演变为钢制底架与木制车体的组合结构、铆接全钢结构或全焊接单壳结构。结构材料由普通碳钢材质迅速发展为轻量化耐腐蚀铝合金或轻型不锈钢材质。车体结构也由骨架与外板构成的单壳结构演变为以不锈钢双薄板结构或铝合金大型中空挤压型材结构为主体的全双壳结构。

### 一、车体的基本特征

城市轨道交通车辆是城市或近郊客运的专用交通工具，其车体具有以下一些特征。

1. 城市轨道交通车辆一般为电动车组，有单节式、双节式、三节式等，有头车（带有司机室的车辆）和中间车，以及动车与拖车之分，车体结构具有多样性。

2. 由于城市轨道交通车辆服务于城市内的公共交通，乘客数量多，旅行时间短，上下车频繁，因此车内设置的座位数量少，车门数量多而且开度大，服务于乘客的车内设备简单。

3. 城市轨道交通系统对车辆的质量要求较高，特别是高架轻轨，要求列车质量轻、轴重小，以降低线路设施的工程投资。

4. 为减轻列车自重，车辆必须轻量化，车体承载结构一般采用大型中空截面挤压铝型材、高强度复合材料或不锈钢等，采用整体承载筒形车体结构，车辆的其他辅助设施也尽量采用轻型材料和轻量化结构。

5. 城市轨道交通车辆一般运营于城市人口稠密地区，并用于运送乘客，所以对车辆特别是地铁车辆的防火要求严格。通常车体的结构采用防火设计，材料必须经过阻燃处理。

6. 对车体的隔音和降噪功能有严格要求，以最大限度降低噪声对乘客和沿线居民的影响。

7. 城市轨道交通车辆主要用于城市内交通，所以车辆外观造型和色彩必须考虑城市文化、环境美化要求，与城市景观相协调。

## 二、车体的分类

### 1. 按照使用的主要材料分类

车体按使用的主要材料不同，可分为碳素钢车体、铝合金车体和不锈钢车体三种。早期的城市轨道交通车辆车体材料以碳素钢（包括普通低碳钢和耐候钢）为主，目前主要使用铝合金和不锈钢。

### 2. 按照有无司机室分类

按照有无司机室，车体可分为带司机室车体和无司机室车体两种。

### 3. 按照尺寸分类

按照尺寸不同，车体可分为 A 型车车体、B 型车车体和 C 型车车体，分类标准主要取决于车体宽度。其中，A 型车车体宽度为 3 m，B 型车车体宽度为 2.8 m，C 型车车体宽度为 2.6 m。

例如，广州地铁 1、2 号线和深圳地铁车辆采用了 A 型车，广州地铁 3、4 号线采用了 B 型车。

### 4. 按照承载方式分类

按照车体结构承受载荷的方式不同，车体可分为底架承载结构、侧墙和底架共同承载结构及整体承载结构三类。全部载荷由底架承担的车体结构称为底架承载结构或自由承载结构。全部载荷由侧、端墙与底架共同承担的车体结构称为侧墙和底架共同承载结构或侧墙承载结构。其侧、端墙与底架等通过固接形成一个整体，具有较高的强度和刚度。在板梁式侧、端墙上固接由金属板梁焊接而成的车顶，使车体的底架侧墙、端墙、车顶连接成一个整体，形成开口或闭口的箱形结构，称为整体承载结构，如图 2–1 所示。这种结构既能充分发挥所有承载部件的承载作用，又能有效地减轻车体自重。

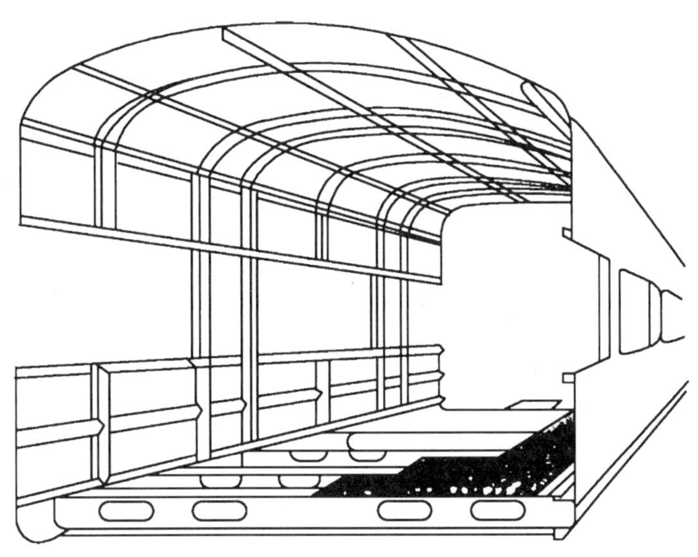

图 2-1 整体承载结构

**5. 按照结构形式分类**

车体结构按结构形式不同，可分为板梁组合结构、开口型材料与大型中空型材组合结构、大型中空型材结构三种形式。这些结构形式都属于整体承载结构。

**6. 按照连接方式分类**

按照板与梁（柱）、梁（柱）与梁（柱）之间的连接方式不同，车体可分为焊接、铆接或混合连接结构。我国和日本大多数车体采用焊接结构。焊接－铆接（或焊接）、螺栓（钉）连接在欧洲应用较多。

**7. 按照结构工艺分类**

按照结构工艺不同，车体可分为一体化结构和模块化结构。例如，广州地铁 1 号线车辆车体采用的是一体化结构，而 2 号线车辆车体采用的则是模块化结构。

一体化结构也称整体焊接结构，即将底架、侧墙、车顶和端墙采用焊接工艺焊接而成，是常见的一种车体结构。一体化结构车体是先制造车体结构的车顶、侧墙、底架端墙、司机室等部件，然后将部件进行整个车体总成焊接，车体总成后再进行内装、布管与布线。

随着技术的发展，近几年出现了模块化结构的车体，我国深圳和广州地铁 2 号线车辆的车体也采用了模块化结构。模块化结构车体与一体化结构车体相比，最大区别是将模块化的概念引入到车体设计制造与生产管理的各个环节之中。模块化车体设计是将整个车体分为若干个模块，如图 2-2 和图 2-3 所示，在每个模块的制造过程中需完成整车所需内装、布管与布线的预组装并解决相互之间的接口问题。各模块完成后即可进行整车组装。每一模块的结构本身采用焊接，而各模块之间的总装采用机械连接，如图 2-4 所示。

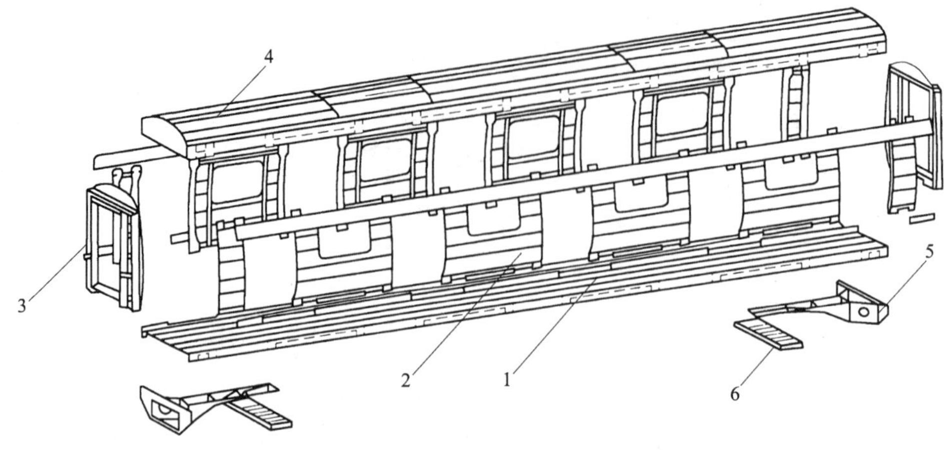


图 2-2 车体模块

1—底架模块 2—侧墙模块 3—端部模块 4—车顶模块 5—牵引梁模块 6—整梁模块

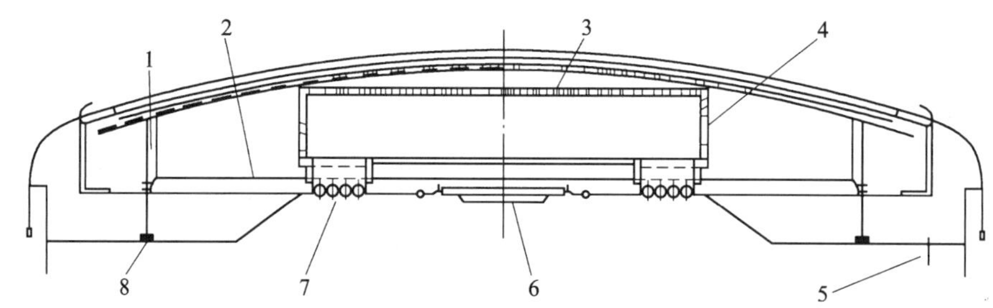


图 2-3 车顶模块

1—顶板吊架 2—顶板槽梁 3—空调风道 4—隔音隔热材料 5—内部装饰 6—灯带 7—出风口 8—顶板悬挂

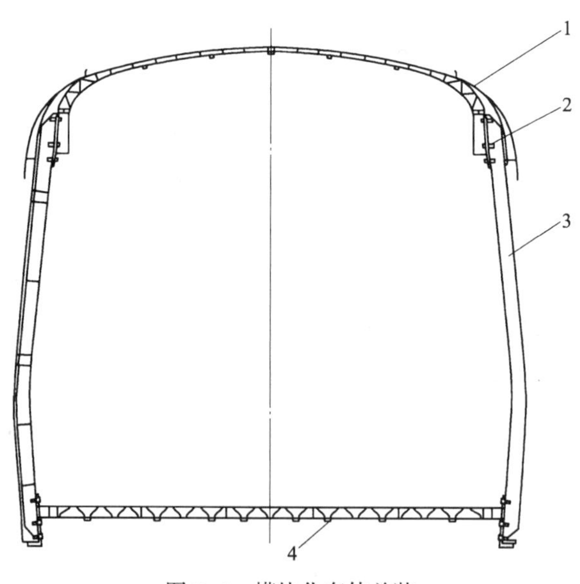


图 2-4 模块化车体总装

1—车顶模块 2—螺栓 3—侧墙模块 4—底架模块

## 知识窗

### 模块化结构的优缺点

1. 模块化结构的优点

（1）容易保证整车质量。由于每个模块在制造过程中均要验证其质量，模块制成后均要进行试验，所以整车总装后试验相对简单，整车品质容易保证。

（2）有利于国产化的实施。由于每个模块制造可以独立进行，并解决了模块之间的接口问题，因此，复杂的、技术难度大的模块和部件可以由国外引进，其余模块和部件在用户本地生产，且对总装生产线要求不高，有利于国产化。

（3）可以改善劳动条件，降低施工难度，减少装备和设备，简化施工程序，提高劳动效率，降低生产成本。

（4）检修方便。车辆检修可采用更换模块的方式进行，非常方便。

2. 模块化结构的缺点

从车体结构局部来分析，模块化结构存在如下缺点：个别部件（如司机室框架）采用了部分钢材制造，各部件之间又采用了钢制螺栓连接，所以车体自重要比全焊接结构稍重些。同时，为保证隔热、隔音性能，在车体组装后，内部需喷涂隔热、隔音材料。

## 三、车体的基本结构及参数

### 1. 车体的基本结构

近代城市轨道交通车辆车体均采用整体承载的钢结构或轻金属结构，以达到满足强度和刚度要求的同时降低车辆自重的目的。我国地铁车辆的车体从20世纪80年代就开始采用耐候钢无中梁整体承载结构，车体侧墙、车顶的梁柱与蒙皮结合后与底架构成封闭断面，增强车体的强度和刚度。到20世纪90年代，我国又生产了断面为鼓形的地铁车辆，使其能更好地利用限界。国家标准《地铁车辆通用技术条件》（GB/T 7928—2003）规定我国地铁车辆车体采用整体承载结构。

地铁车辆整体承载结构车体由若干纵向梁、横向梁和立柱组成钢骨架（也称钢结构），然后安装内饰板、外蒙皮、地板、顶板及隔热材料、隔音材料、车窗、车门及采光设施等组成部件。城市轨道交通车体一般包括底架、端墙、侧墙、车顶、车窗、车门、贯通道和车内设施等部分。

车体一般结构形式如图 2-5 所示，底架是车体结构和设施的安装基础，承受主要的动、静载荷，因此底架必须具有足够的强度和刚度，是检修作业的重点。在底架中部横断面较大并沿其纵向中心线贯通全车的梁称为中梁，它是底架的骨干。底架两侧边沿的纵向梁称为侧梁，侧墙固定于其上。底架两端部的横向梁称为缓冲梁（端梁），端墙固定于其上。在转向架的支撑处设有枕梁，为横向梁中断面最大的梁。在两枕梁之间设有两根以上的大横梁。为了吊挂设备、铺设地板，底架上还设有若干小横梁和纵向辅助梁，以保证底架强度和刚度，其中，中梁和枕梁承担载荷最大，因而最为重要。

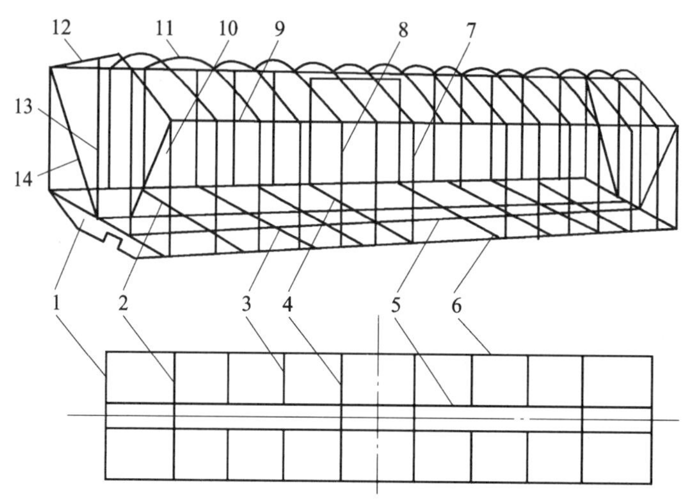


图 2-5　车体一般结构形式

1—缓冲梁（端梁）　2—枕梁　3—小横梁　4—大横梁　5—中梁　6—侧梁　7—门柱　8—侧立柱
9—上侧梁　10—角柱　11—车顶弯梁　12—车顶端弯梁　13—端立柱　14—端斜撑

侧墙由杆件、墙板和门窗组成。杆件包括立柱、上弦梁、横梁和其他辅助杆件，它们与底架的侧梁连接成一体。墙板有蒙皮和内饰板，蒙皮用钢板、不锈钢板和铝合金板制成，内饰板具有车内装饰的功能，经过阻燃处理。

端墙结构与侧墙基本相同，除端梁外，还设有角柱、端立柱、上端梁和墙板等。

车顶结构包括车顶弯梁、车顶横梁、车顶端弯梁及车顶板等。

**2. 车体结构的基本参数**

城市轨道交通车辆选型应以线路条件、供电电压等主要技术条件为依据，相关技术指标应满足客运量及行车组织的要求，另外，还应考虑车辆设备部件技术参数、当地环境与气候、外观与色彩等相关因素。

（1）上海轨道交通 1、2 号线车辆车体规格

上海轨道交通 1、2 号线车辆车体规格见表 2-1，括号内为交流传动车辆参数。

表 2–1 上海轨道交通 1、2 号线车辆车体规格

| 基本参数 | | 长度（mm） |
|---|---|---|
| 两端车钩连接中心线长度 | 有司机室 | 24 140 |
| | 无司机室 | 22 800 |
| 车体最大宽度 | | 3 000 |
| 车顶中心线距轨面高度 | | 3 800 |
| 客室地板面距轨面高度 | | 1 130（1 500） |
| 车门高度 | | 1 800（1 860） |
| 车门宽度 | | 1 300（1 400） |
| 两转向架中心距（定距） | | 15 700 |

（2）天津津滨轻轨车辆车体规格

天津津滨轻轨车辆车体规格见表 2–2。

表 2–2 天津津滨轻轨车辆车体规格

| 基本参数 | | 数值 |
|---|---|---|
| 两端车钩连接中心线长度 | 有司机室（DK38） | 19 000 mm |
| | 无司机室（DK39） | 19 500 mm |
| 车体最大宽度 | | 2 800 mm |
| 车辆高度［轨面到车顶高度（新轮），不含受电弓］ | | 3 800 mm |
| 转向架中心距 | | 12 600 mm |
| 可承受纵向压缩载荷 | | 800 kN |
| 最大纵向拉伸载荷 | | 650 kN |
| 车门高度 | | 2 012 mm |
| 车门宽度 | | 1 550 mm |

## 第二节 不锈钢车体

### 一、不锈钢车体结构

图 2–6 所示为天津津滨轻轨车辆的车体几何模型，除底架端部采用碳素钢材料外，其余部分均采用 SUS301L 高强度不锈钢材料。梁、柱间通过连接板连接，各部件间采用点焊连接，形成不锈钢骨架结构。该车体采用整体玻璃钢车头，金刚砂地板布直接粘贴在铝蜂窝地板上，头车的顶板、圆头、间壁做成一体，与贯通道连接，达到整体美观的效果。

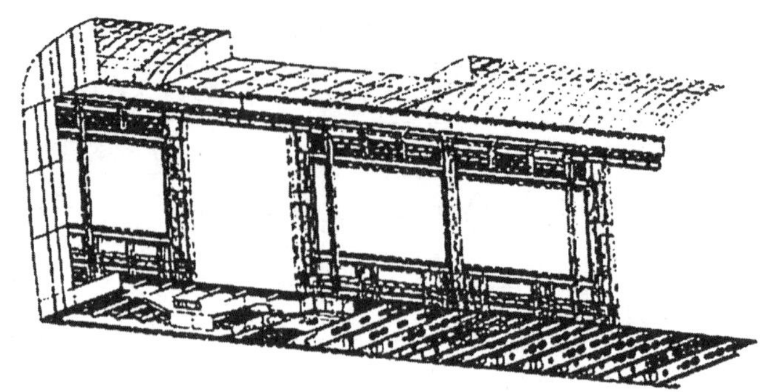

图 2–6　车体 1/4 三维几何模型

**1. 车顶**

车顶由波纹顶板、车顶弯梁、车顶边梁、侧顶板、空调机组平台等几部分组成。

车顶采用波纹顶板无纵向梁结构，顶板与车顶弯梁点焊在一起，空调机组平顶由纵梁、弯梁、顶板点焊组成部件，再与车顶通过点焊及塞焊组成一体。由于车顶是无纵梁结构，波纹顶板要传递车体纵向力，所以选择强度较高的 SUS301L–MT 材料，厚度为 0.6 mm。车顶波纹板采用与波纹地板相同的滚焊焊接，既能够满足车体密封性要求，又能够增加车顶的刚度。

车顶弯梁采用 SUS301L–ST 材料、厚度为 1.5 mm。

车顶边梁是车顶也是整车的主要承载部件，所以选用强度最高的 SUS301L–HT 材料，整体冷弯成形，材料厚度为 1.5 mm。

**2. 侧墙**

车辆横截面为鼓形，主要由立柱、横梁、墙板和门窗等结构件组成。鼓形断面能够增加车体横向抗弯刚度，也能合理利用限界条件增大车体内部空间。侧墙需选用塞拉门、连续窗结构。为适应该要求，侧墙钢结构部分采取了比较特殊的方法，一扇连续窗全长 4 070 mm，在此范围内，钢结构必须便于车窗的安装、固定，不得有任何与车窗相干涉的结构，同时工艺性要好，结构上必须可实现点焊。设计时，将窗间有玻璃通过的侧立柱压出凹形，再通过窗带过渡与窗框相连接。为便于加工，压出凹形的立柱采用了强度较低的 SUS301L–ST 材料，同时为保证该处强度，在其背面加了一根补强梁。为保证窗口及侧墙的平面度，窗口周围所有梁柱、补强部分均为点焊结构。

由于车门开口（宽 1 550 mm、高 2 012 mm）对钢结构的强度和刚度影响很大，为此须采取补强措施，如加长门上框翻边长度、在门上加补强板、将底架碳素钢边梁延长过车门口等。为消除门角应力集中的问题，采用在门口外围进行补强及加过渡圆弧，在门角内加门角补强铁的方法。通常采用上述这些措施增加车体刚度及强度。

**3. 端墙**

端墙可以防止列车相撞时出现套车，并与底架、侧墙和车顶共同作用，防止客室受损，保证乘客安全。端墙由端墙板、门口框架、下边梁、门上立柱、补强梁、端角柱、端顶弯梁及其他梁柱组成。连接端墙时，除门口框架外均采用电弧焊，其余板梁均采用点焊。

**4. 底架**

底架采用碳素钢端底架与不锈钢底架塞焊连接，主横梁与边梁利用过渡连接板实现点焊连接，底架边梁采用 4 mm 厚的 SUS301L–HT 材料，以提高底架的整体强度和刚度。为有效降低自重，大小横梁腹板处均设有减重孔。

## 二、不锈钢材料在使用过程中应注意的问题

不锈钢车体具有耐腐蚀性较好、不用修补、使用寿命长等优点，因此，使用不锈钢材料作车体在保证强度、刚度的条件下，板厚可以大大减少，从而实现车体的轻量化。但是，不锈钢车体在设计、制造中需注意许多问题，如不锈钢选材、不锈钢制造技术、不锈钢结构焊接工艺的研究、不锈钢材料疲劳特性和寿命的试验、结构优化设计、刚度问题、防腐蚀问题等。

**1. 不锈钢材料的合理选择**

根据城市轨道交通车辆的结构特点、制造工艺和使用环境，同时考虑制造成本，要求车体所使用的不锈钢材料必须具有如下性能：

（1）价格便宜，通用性高，容易购买。

（2）耐腐蚀性好。

（3）具有足够的强度。

（4）加工性好，在对其进行剪切、弯曲、拉延、焊接等加工时，不会产生缺陷。

能满足以上条件的不锈钢材料有 30 多种，其中具有代表性的是 SUS304（S30400）和 SUS301。1983 年开发出的低碳不锈钢 SUS301L（L 表示低碳），其碳的质量分数在 0.03% 以下，目前的城市轨道交通车辆都在使用这种强度高、耐腐蚀性好的不锈钢材料。

### 知识窗

SUS301L 系列不锈钢材料在进行冷压延加工时，如果将加工量（也称压延率）在 5%~20% 的范围内进行控制的话，可以得到五种不同强度等级的材料。

（1）SUS301L–LT：不进行冷压加工，其特点是强度较低，与 S5304 基本相同，多用于强度要求较低的场合。

（2）SUS301L–DLT（1/4H）：其特点是压延加工度低，板的平面度在几种调质材料中最好，多用于外板。

（3）SUS301L–ST（1/2H）：其特点是具有较高强度，同时拉伸性良好，多用于车

顶弯梁、侧立柱、端立柱等处。

（4）SUS301L-MT（3/4H）：其特点是强度很高，但不易进行弧焊加工，加热至600 ℃以上时，强度会大幅降低，可作为冷弯型钢用料。

（5）SUS301L-HT（H）：其特点是屈服强度和强度极限在五种材料中都是最大的，加热至600 ℃以上时，强度会大幅降低，多用于底架边梁、主横梁、侧立柱等对强度要求很高的部位。

**2. 不锈钢材料的焊接**

碳素钢车体采用弧焊组装钢结构，靠电弧产生的热量熔化填充金属，使两个构件熔敷接合。弧焊所产生的热量很大，对构件的热输入量也很大，这种焊接方法对于焊接不锈钢材料是很不利的。

不锈钢导热系数只有碳素钢的1/3，而热膨胀系数是碳素钢的1.5倍，热量输入后散热慢而变形大，不利于对构件尺寸及形状的控制，但由于不锈钢材料的电阻较大，所以不锈钢材料的焊接一般都采用电阻焊，也称点焊。点焊就是将两个或两个以上相叠加的金属用电极加压，通过电流，利用金属的电阻产生高热，使叠加的金属在加压区熔合，进而连接到一起。点焊的特点是对构件的热输入量小，容易实现自动控制，焊接时不需要技能很高、很熟练的操作者，较易保证焊接质量。

不锈钢车体采用点焊结构，这就决定了不锈钢车体必须采用很多与以往碳素钢车体不同的特殊结构，以实现点焊连接的目的。不锈钢车体在组合外板、梁、柱时为了减少热量的输入，采用点焊代替弧焊，梁、柱的接合部位采用连接板传递载荷，但由于受到设备、工装、工序等各方面的限制，有些部位无法实现点焊，可以采用塞焊来减小热影响区。

轻量化不锈钢车体中几乎所有的零部件都是通过点焊连接的，所以焊点的质量将直接影响车体钢结构的质量和强度。为保证车体质量，在日常生产中，必须控制焊点质量。

现在采取的方法是在每次作业前进行点焊拉伸试验和切片试验，检验合格后再按照试验的焊接规范进行作业。

## 第三节　铝合金车体

### 一、铝合金材料性能特点

**1. 质软且轻柔**

铝的密度为2.71 g/cm$^3$，约为钢密度（7.87 g/cm$^3$）的1/3，杨氏模量也约为钢的1/3。

### 2. 强度好

纯铝的抗拉强度约为 80 MPa，是低碳钢的 1/5。但经过热处理强化及合金化强化，其强度会大幅增加。例如，铝合金车体常用的材质 6005A–T6 的最低抗拉强度为 360 MPa，能达到低碳钢相应的强度值。

### 3. 耐腐蚀性能好

铝合金的特性之一是接触空气时表面会形成一层致密的氧化膜，这层膜能防止腐蚀，所以耐蚀性能好，若再实施“氧化铝膜处理法”，就可以全面防止腐蚀。

### 4. 加工性能好

车辆用铝合金型材挤压性能好，二次机加工、弯曲加工也较容易。

### 5. 易于再生

铝的熔点低（660 ℃），易于再生，在废弃处理时也无公害，有利于环保，符合可持续发展战略。

根据铝合金车体结构及制造、运用情况，选择材料时应遵循以下原则：

（1）从轻量化方面考虑，要求强度高、刚度高、质量轻。

（2）从寿命方面考虑，要求耐蚀性、表面处理性、维护保养性好。

（3）从制造工艺方面考虑，要求焊接性、挤压加工性、成型加工性好。

根据以上原则，铝合金车体主要使用 5000 系列、6000 系列、7000 系列的铝合金。

## 知识窗

**5000 系列、6000 系列、7000 系列铝合金特性及用途**

| 铝合金种类 | 主要成分 | 特征 | 主要用途 |
|---|---|---|---|
| 5000 系列 | Al<br>Mg（0.2%~5.6%） | 耐蚀性、焊接性、成型性很好，强度也较高，代表合金有 5052、5083、5066、5N01 等 | 建筑、船舶、车辆、机械部件、饮料罐等 |
| 6000 系列 | Al<br>Mg（0.45%~1.5%）<br>Si（0.2%~1.2%） | 耐蚀性、强度好，有的挤压加工性也好，代表合金有 6005A、6061、6063、6N01 等 | 车辆结构、结构杆件、建筑用框架、螺栓、铆钉等 |
| 7000 系列 | Al<br>Zn（0.5%~6.1%）<br>Mg（0.1%~2.9%）<br>Cu（0.1%~2.0%） | 焊接性、耐蚀性差，强度最高。Al–Zn–Mg 合金的焊接效率高，代表合金有 7005A、7005、7178、7N01、7003 等 | 车辆结构、飞机杆件、体育用品等 |

## 二、铝合金材料车体结构

图 2–7 所示为上海地铁车辆铝合金车体鼓形断面，鼓形断面既能使车辆在隧道内获得最大截面积，增大车内空间，又能提高车辆在圆形隧道内的活塞效应，加强隧道自然通风能力。它是由底板、侧墙、车顶、端墙等组成的整体承载薄壳形结构。

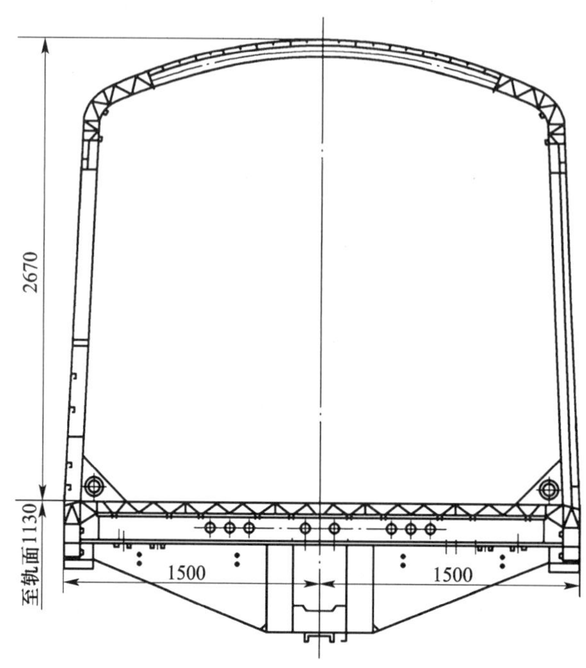


图 2–7　上海地铁车辆铝合金车体鼓形断面

车体底板由地板、侧梁、枕梁、横梁和牵引梁组成，5 块宽度为 520 mm、高度为 70 mm 与车体等长的地板梁通过两侧的接口拼焊成车体地板，每块地板梁由上下翼板、腹板和 6 块筋板组成，各板厚度仅为 2.5 mm。底板侧梁（宽度为 200 mm，高度为 324 mm）采用与车体等长的薄壁中空截面挤压铝型材制成，型材壁厚为 4~6 mm。A 型车底板的前端设有撞击能量耗散区，其上开有三排椭圆孔，当车辆受到意外撞击时，它能产生较大的塑性变形，从而吸收纵向冲击能量，起到保护司机、乘客和车辆的作用。底板两端设有牵引梁和横向承载梁，用于安装车钩牵引缓冲装置，传递车辆间的牵引力和冲击力。车顶、侧墙、端墙中部填充有玻璃纤维或矿物棉，起到隔热作用。同时，车顶、侧墙及其地板下涂有隔音及防水涂料，转向架部区域的地板下部粘有隔音材料，起到降低噪声作用。下面介绍车体各大部件的结构特点。

**1. 车顶**

车外顶板两侧小圆弧部分采用形状复杂的中空截面挤压铝型材，中部大圆弧部分为带有纵向加强杆件的压型车顶板，其长度与车顶等长，车顶组装时仅留下几条与车顶等长的纵向长焊缝。

客室内顶板由三部分组成，中间为平板，平板两侧为多孔的通风口平板，最外侧为客室照明灯的灯箱。平板安装在悬挂的车顶吊架上。

**2. 侧墙、端墙**

由于车体左、右侧各有 5 扇车门和 4 扇车窗，所以每面侧墙被分隔成 6 块带窗框、窗下间壁、左右窗间壁或门间壁的分部件，全车共 12 块，在组装时分别与底板、车顶拼接，各块分部件骨架材料为整体的中空截面挤压铝型材。

客室内的侧墙、端墙都采用阻燃的密胺树脂胶合板制成。由于侧墙、端墙的铝合金材料内侧都涂抹了阻尼浆并敷贴了保温材料，所以侧墙、端墙都具有隔热保温的功能。

**3. 地板**

直流传动车与交流传动车的客室地板结构不同。直流传动车地板是先在底板上纵向布置 4 mm 厚的橡胶条，再铺设 16 mm 厚的多层夹板，用螺钉将多层夹板固定在底架上，然后在多层夹板上粘贴 2.5 mm 厚的灰色 PVC 材料地板。这是一种耐磨、阻燃和防滑的地板面材料，但粘贴塑料地板的黏合剂在潮湿的环境中很容易丧失黏性，多层夹板一旦受潮，塑料地板就很容易起泡，甚至脱落。因此，制造商在生产交流传动车时进行了改进，将多层夹板改换成表面很平坦的铝合金轻型型材，并在铝型材表面直接粘贴 PVC 塑料地板，有效地解决了塑料地板起泡和脱落的问题。

## 三、铝合金车体形式

**1. 纯铝合金车体**

纯铝合金车体有四个特点：

（1）车体由铝板和实心型材制成，铝板和实心型材通过铝制铆钉、连续焊接等进行连接。与钢制车体相比，纯铝合金车体只是板梁与骨架之间的连接方法有所不同。

（2）车体的生产和连接运用了电阻焊的方法。所采用的车体结构是板条骨架结构，连接方法应用了气体保护下的熔焊。

（3）整体结构在车体结构中得到了应用。其板皮和纵向加固构成了高强度大型开口型材的组成部分。

（4）车体结构由于采用空心截面的大型型材而变得更加简单。大型型材平行放置，并总是在车体的全部长度上延伸，它们通过焊接互相连接。这种车体结构也以具有多种多样截面的型材为基础，上述型材利用铝合金的优良机械性能，可最大限度地降低结构的多样性。

**2. 混合结构铝合金车体**

除了上述纯铝合金车体外，还有钢底架的混合结构铝合金车体。这种车体侧墙与底架的连接主要采用铆接或螺栓连接的方式。其作用有两点：一是可避免热胀冷缩带来的问题，二是取消了成本很高的车体校正工序。

### 四、铝合金材料的合理选择

使用铝合金材料的车体多为焊接结构，且在大气条件下工作，因此要求铝合金材料不仅应具有适当的强度和刚度，而且要有良好的焊接性能（接近母材性能水平），最好在焊后的自然时效状态即能达到固熔处理加人工时效状态的性能水平。此外，还要求材料的抗腐能力和抗应力腐蚀能力强、应力集中敏感性低、焊接接头处的抗脆断能力和抗疲劳能力高。

车体基本由六大部件（地板、车顶、两个侧墙及两个端墙）装配而成，而铝型材的边缘设有通长的成型槽，可供组合整个车体用。当型材沿边缘连接时，能自动形成适宜的焊接坡。

端墙完全采用板材，梁采用焊接结构，四角立柱及端顶弯梁采用弯曲型材，端顶横梁采用矩形铝合金型材，外端板选用厚 5 mm 的铝合金，并考虑大小风挡结构的需要。

底架各梁应设置座椅安装滑槽、侧门滑槽及底架吊挂滑槽，滑槽为 T 形。底架与转向架的连接件、铝合金车钩安装座使用铝合金锻件，锻件与底架型材开坡口焊接。

车顶边梁拟采用大型挤压型材，中间部分采用两种开口铝合金挤压型材，车顶上边梁与侧墙共用，并考虑边梁自带雨檐。组焊时，边梁焊在侧墙上，并由矩形横梁将两边梁连接，保证车顶有足够的刚度。车顶开口型材在总装时，电阻焊即可。

## 第四节　车体材料的选择

### 一、车体材料选择的基本要求

**1. 车体轻量化**

一般车辆的车体大多采用普通碳素钢制成，这种车体由众多纵、横型材骨架和外包板结构，形成一个闭口的筒形薄壳整体承载结构，一般自重达 10~13 t。为了提高车体的耐腐蚀性，延长车体的使用寿命，现在较多应用的是含铜或含镍、铬等合金元素的耐腐蚀低合金钢材料（或称耐候钢），可使车体钢结构自重减轻 10% ~15%。

采用半不锈钢（包板为不锈钢，骨架为普通碳素钢）或全不锈钢车体，免除了车体内壁涂覆防腐蚀涂料和表面油漆。在保证强度、刚度的前提下，通过调质压延而获得高强度不锈钢薄板，同时也提高了使用寿命。一般不锈钢车体自重比普通碳素钢可减轻 10%~20% 。

在铝制车体结构设计中，车体主要承载构件一般采用大型中空截面的挤压铝型材，以提高构件的刚度，充分发挥材料的承载能力，最大限度地减轻车体自重。全车的底板、侧墙、车顶均采用大型中空截面的挤压铝型材拼焊而成，与钢制车体相比，焊接工作量减少 40%，制造工艺大为简化，车体质量可减轻 3~5 t。

**2. 车体腐蚀状况**

风雨侵蚀、温度和湿度的变化，以及空调造成的结霜等，都可能对车体结构产生腐蚀。

（1）碳素钢车体

碳素钢车体的雨檐周围、门口及车窗周围的立柱、墙板、地板等处容易被腐蚀，6 年后要进行局部修补，10 年后要进行部分改造，20 年后还要进行大的改造。如此反复修补、改造，30 年后车辆基本上就要报废了。

（2）铝合金车体

铝合金车体除了车钩部分及车体内的螺钉座使用碳素钢外，其他部位均为铝合金。对运营后铝合金车体腐蚀情况进行的调查表明：雨檐、门口、窗口周围及底架端部、车体侧面的焊接热影响区处发生了腐蚀，但与碳素钢车体相比较，腐蚀程度很轻，对车体的强度不会产生影响，只需对车辆进行定期维护。

（3）不锈钢车体

不锈钢车体具有耐腐蚀、免维修等特点。对运营车辆进行定期检查，发现没有必要对外板进行修补、涂装，也没有必要对梁柱进行修补。因此，除了不需要车体维修费用外，还可减少由于维修而产生的烟雾、有机溶剂等在作业场所的散布，从而减少对相关电气设备的检查、维修等其他作业量。

**3. 制造成本**

（1）材料成本

在分析碳素钢车体、铝合金车体、不锈钢车体的经济性时，必须先确定各种车体的样式。现在以确定好样式、大小的城市通勤车为例，考虑到各种车体的耐腐蚀性，分为碳素钢涂装车体、铝合金涂装车体、铝合金不涂装车体（但外表面要打磨加工）、不锈钢不涂装车体等几种。

不涂装车体由于近来对外观的要求，也常贴上彩带，因此不涂装车的成本中还要包含彩带及涂于搭接处的防水密封胶的费用。

（2）加工成本

在制造成本中，还要考虑加工因素的影响。由于 SUS301L 不锈钢材料必须经过调质压延加工，需要专用加工设备，所以使成本增加。铝合金材料由于采用合金元素及大型挤压设备，加工成本也会增加。

另外，加工中还要考虑车体的焊接成本，每种车体所需的焊接方式是各不相同的。

1）碳素钢车体：二氧化碳气体保护电弧焊和焊条电弧焊。

2）铝合金车体：MIG 焊和 TIC 焊。

3）不锈钢车体：点焊、MIG 焊和 TIG 焊。

碳素钢车体和铝合金车体都采用弧焊，所以修整工作较多。尤其是铝合金车体，为防止底架接头处的角部产生应力集中，要增加打磨加工焊缝的工作。不锈钢车体采用点焊，所用焊接材料少，焊接热量少，不容易发生变形，所以基本不需要修整及加工焊缝。

在考虑到上述影响因素的前提下，车体的制造成本排序为：碳素钢车体 < 不锈钢车体 < 铝合金车体。铝合金车体制造成本要比碳素钢车体高出 70%，不锈钢车体制造成本要比碳素钢车体高出 14%。

**4. 维修管理**

车体采用不锈钢和铝合金材料，主要是为了提高车辆的耐腐蚀性和轻量化水平，使车辆的维修管理及运营更加合理化。以前的车辆虽然也采用耐候钢，但是无法和不锈钢相比，经过 10 年使用，车体局部就会被腐蚀，必须进行修补。这样除了修理所需费用以外，由于车体更新会使运营率下降，还会影响备用车数量。过去 30 年的运营实践已经验证，不锈钢车体和铝合金车体基本不用维修，所以选用不锈钢车体和铝合金车体的车辆后期费用明显减少。

**5. 运营总成本**

如果将碳素钢车体制造成本定为 1.0，则不锈钢车体为 1.14，铝合金车体（不涂漆）为 1.57，铝合金车体（涂漆）为 1.66。但是，由于碳素钢车体检查维修量大，其总成本明显增加，12 年厂修时其总成本大幅上升，超过不锈钢车体。20 年时，其总成本再次大幅跃升，超过铝合金车体。所以，虽然碳素钢车体最初的制造成本最低，但经过长年使用后，总成本变为最高，而不锈钢车体维修量很少，所以最终运营总成本最低。

## 二、铝合金车体与不锈钢车体的对比

目前，城市轨道交通车辆中车体结构使用的材料主要为不锈钢和铝合金，其力学性能、质量、制造工艺等方面对比见表 2-3。

表 2–3 铝合金车体与不锈钢车体的对比

| 对比项目 | 铝合金 | 不锈钢 |
|---|---|---|
| 材料与结构 | 屈服强度、抗拉强度、延伸率和弹性模量为不锈钢车体的 1/3 左右，刚度较小，需通过加大板厚和尽量加大车体端面来提高车体刚度 | 整体力学性能比铝合金优良 |
| 质量 | 车体质量为 4~5 t | 车体质量为 6~7 t |
| 制造工艺 | 铝合金车体目前普遍采用大型桁架式中空铝型材组焊式，中空铝型材由制造企业一次轧制而成，车辆制造企业只需下料、拼装、焊接，工艺简单，省工省料 | 不锈钢车体采用板梁组合整体承载全焊接结构，大多采用点焊，这是不锈钢车体的一大特征和技术关键，因此需大量工具、装备、模具、夹具、样板和中间检查手段，生产工艺比较复杂，费工费料 |
| 外观质量 | 铝合金车体耐腐蚀性能比不锈钢车体差，但中空铝型材平整、挺拔，又可根据用户要求选择不同的装饰和颜色，因此使人感觉庄重、美观，易被广大乘客接受 | 不锈钢车体制造过程中虽然不必进行防腐保护也无须涂漆，但为了提高装饰效果，车辆制造企业通常会适当修饰。由于外墙板很薄、很光滑，只要有 0.2 mm 的凹凸，经反光折射，视觉会感到不舒服 |
| 抵御磕碰、防划伤能力 | 铝合金受磕碰、划伤后可以修复 | 不锈钢是薄板且为拉丝板，容易划伤，出现划痕难以清除 |
| 车下设备提供安全空间和布置方式 | 中空铝型材车体车下空间大，适应大线槽布线和空气管路预装配，可做到整体吊装，实现模块化结构要求 | 不锈钢车体由于板薄，板梁为点焊结构，车下空间小，设备布置分散，故只能用传统的预留线槽线道、穿线工艺，线路、管路布置困难 |
| 使用寿命 | 铝合金熔点为 630 ~ 650 ℃且到 300 ℃以上就发软变形，使用寿命较不锈钢车体短 | 不锈钢熔点为 1 400 ℃以上，使用寿命较铝合金车体长 |
| 使用情况 | 上海轨道交通 1、2、3、4 号线，广州地铁 1、2、8 号线及深圳地铁 1 号线等所有地铁 A 型车；广州地铁 3 号线及北延段落、广佛线、武汉地铁、天津地铁、重庆单轨 B 型车；广州地铁 4、5 号线直线电动机牵引 L 型车等 | 天津津滨线轻轨，北京地铁 4、5、10 号线，沈阳地铁 |

## 思考与练习

1. 车体由哪些基本结构组成？
2. 简述铝合金车体的结构组成和各组成部分的结构特点。
3. 什么是整体承载结构？
4. 车体模块化结构的优缺点有哪些？

# 第三章 车 门

## 学习目标：

- ◆ 掌握车门的类型和结构。
- ◆ 了解车体的特点及编号。
- ◆ 了解客室车门的控制原理。

城市轨道交通车门系统在城市轨道交通车辆中扮演着极其重要的角色，既是与行车安全密切相关的关键系统，也是与乘客安全紧密关联的关键部件。提升车门系统的可靠性对于保障城市轨道交通运输安全和乘客生命安全都有重要意义，对协调列车的整体造型也起着重要的作用。

## 第一节 车门的类型及编号

### 一、车门应具备的基本要求

作为城市轨道交通车辆重要部件的车门，在车辆的运营中扮演着重要的角色。车门系统的外形设计、开合方式，以及加工制造与控制方式都将影响城市轨道交通车辆外形的美观，而且直接影响其安全运营状况。因此，车门系统的地位十分重要。对于司机及检修人员而言，车门的应用及故障处理是其必须掌握的安全操作规程之一；对于运营管理类人员而言，也要求其能操作车门，并能协助司机进行简单的故障处理及隔离操作。

世界各国城市轨道交通车辆的车门结构和类型多种多样，但无论结构形式如何变化，客室车门都应满足城市轨道交通的基本要求：

1. 有足够的有效宽度（一般为 1 300~1 400 mm）。
2. 均匀对称布置，以便站台乘客均匀分配，上、下车方便迅速。
3. 要有足够数量的车门（一般 A 型车 5 对，B 型车 3 对或 4 对）。
4. 车门附近有足够的空间，缓和上、下车的拥挤。
5. 能确保车辆运行安全和乘客安全。

目前，国内外的车门系统制造企业有德国 BODE、奥地利 IFE、日本 Nabco、南京康尼等，这些企业的车门技术代表了目前车门系统的最高水平。

## 二、车门的类型

### 1. 按功能分类

车门按功能不同，可分为客室侧门、司机室侧门、司机室后端门和紧急疏散门四类。各类车门位置如图 3–1 所示。

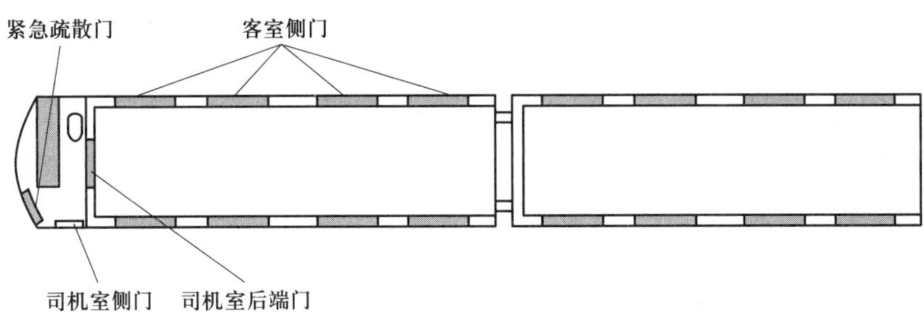


图 3–1 各类车门位置

（1）客室侧门

以南京地铁 1 号线车辆为例，其客室侧门为双叶式电动塞拉门，其中门叶由铝框架、铝板、层压板、双层玻璃等组成，门叶边用橡胶条压嵌而成。门叶上方设有一套电动驱动机构，由电子门控单元、丝杆、制动单元、压轮、导轨、驱动电动机、滚轮摆臂等组成。开关门的速度及压力可以通过调节车门控制单元来改变。每扇客室车门设有一套机械解锁机构（每节车的 5A 和 1B 门设有两套机械解锁机构）和一套门切除机构，以便在紧急情况下，能从客室内或外直接打开或切除车门。

客室侧门由于使用频率高以及安全可靠性要求高，一直是城市轨道交通车辆的重要研究领域。

## 知识窗

按照驱动系统的动力来源不同，客室侧门分为气动式车门和电动式车门。气动式车门的动力来源是驱动气缸，电动式车门的动力来源是直流电动机或交流电动机。与气动式车门相比，电动式车门具有结构简单、易于控制、故障率低、维修少的特点。

（2）司机室侧门

司机室侧门多采用一扇单页车门，在司机室两侧墙上分别设置。一般有内藏门、塞拉门及折页门三种类型。司机室侧门由人工控制，没有气动或电动驱动装置，供乘务人员上、下车之用。

（3）司机室后端门

司机室后端门是设在司机室后端墙中间的一个与客室相通的通道门，司机可以由司机室后端门进入客室车厢，并通过客室车厢、司机室后端门进入另一端司机室。司机室后端门在客室侧没有开门把手，但设置了紧急开门装置，正常情况下不允许乘客开启。当乘客发现危险性事故等特殊情况时，可以使用紧急拉手开启司机室后端门。

（4）紧急疏散门

紧急疏散门设置在带司机室车厢的前端墙上，如图 3–2 所示。列车在隧道内运行时，一旦发生火灾等危险事故，司机可打开紧急疏散门，释放紧急疏散梯，引导乘客通过紧急疏散梯走向路基中央，然后向两端的车站疏散。

图 3–2　紧急疏散门

**2. 按车门运动轨迹及安装方式分类**

按照车门运动轨迹及安装方式不同，客室车门可分为内藏嵌入式滑动移门、外挂式滑动移门和塞拉门。

（1）内藏嵌入式滑动移门

内藏嵌入式滑动移门简称内藏门，车辆开关时，门页在车辆侧墙的外墙板与内饰板之间的夹层内移动，如图 3–3 所示。传动机构设于车厢内侧车门的顶部，装有导轮的门页可在导轨上移动，传动机构的钢丝绳或齿形带与门页连接，气缸或电动机驱动传动机构，从而使钢丝绳或齿形带带动门页移动。

（2）外挂式滑动移门

外挂式滑动移门简称外挂门，与上述内藏嵌入式滑动移门的驱动结构和工作原理相同，主要区别在于开关门时，门页和悬挂机构始终位于侧墙的外侧，如图 3–4 所示。

图 3–3 内藏嵌入式滑动移门

图 3–4 外挂式滑动移门

（3）塞拉门

塞拉门借助车门上端的传动机构和导轨，启动状态时，门页贴靠在侧墙外侧，关闭状态时，门页外表面与车体外墙成一平面，如图 3–5 所示。这不仅使车辆外观美观，而且有利于在列车高速行驶时减小空气阻力，车门不会因空气旋流产生噪声，也便于自动洗车装置对车体进行清洗。

图 3–5 塞拉门

塞拉门的机械工作原理分为三个步骤：

1）平移移动。电动机轴转动驱动齿轮转动，齿轮带动齿带运动，齿带的运动通过连接齿带和门叶的连接件驱动门叶作平移运动。

2）塞拉运动。传动系统装在伸缩导轨两端，由电动机驱动车门门叶作塞拉运动。

3）门的锁闭。控制杆件塞拉运动达到驱动机构的死点，杆件锁定，使门锁闭。

车门的形式、种类虽然各不相同，但实现功能却大同小异。三种类型车门的性能对比见表 3-1。

**表 3-1　　三种类型车门的性能对比**

| 序号 | 项目 | 外挂门 | 内藏门 | 塞拉门 |
|---|---|---|---|---|
| 1 | 气密性 | 密封比较简单，车门的密封部件直接暴露于气流中，而且车门与车体的密封只有一对密封条 | 密封性能较外挂门好，原因如下：<br>（1）车门并不直接暴露于气流中<br>（2）从车体外到车厢内部有两组密封，因此气流不容易进入客室 | 气密性好，但是容易过压 |
| 2 | 关门时间 | 关门时间较短，实际关门时间的长短主要依赖于车门的净开度，通常不短于 2.5 s | | 关门时间较长，由关和塞两部分时间组成，通常来说至少比外挂门和内藏门长 1 s |
| 3 | 外观 | 车门位于车辆侧墙外侧 | 门页藏于车辆侧墙的外墙与内护板之间夹层内 | 当门完全关好后与车体外墙成一平面 |
| 4 | 车辆限界及对限界的影响 | 由于车门悬挂于侧墙的外侧，为满足车辆限界要求，在一定的程度上减少了车体的宽度，而车门之间有效空间是最大的 | 由于藏于侧墙内，因此在一定的程度上减少了车辆内部的宽度，同时也会减少载客量 | 车辆内部宽度最大，但是由于塞拉门有立柱，因此车内面积没有外挂门大 |
| 5 | 维修 | 结构简单，维修工作量较小，维修时间较短；可以快速更换门页，而且可以从外部进行维修 | 结构简单，维修工作量较小，维修时间较短；门页更换较外挂门复杂，可以从车辆内部对车门进行维修和调整 | 结构复杂，维修工作量较大，维修时间长；可以从车辆内部对车门进行调整和维修 |
| 6 | 隔噪能力 | 隔噪能力主要取决于门页与车体的接口质量 | 隔噪能力较外挂门好 | 密封性能好，具有较好的隔噪能力 |
| 7 | 关门过程中可能出现的问题 | 由于关门过程为直线运动，且关门时间较短，因此，关门受阻的可能性较小 | | 由于内部过压，最后一个门在关门的时候可能较难关上；关门过程中也可能由于乘客堵在车门关闭的方向而受阻，尤其是在大客流的情况下 |
| 8 | 开门过程中可能出现的问题 | 开门时车门可能会碰到靠近列车的乘客，从而进入障碍物探测状态，但如果站台安装了屏蔽门，就不会出现这种问题 | 如果门槛中有碎片或其他异物，可能在开门的时候会受阻塞 | 同外挂门 |
| 9 | 可靠性 | 部件数量少，可靠性高 | | 部件数量多，而且机构的运动较复杂，因此可靠性较外挂门和内藏门低 |

续表

| 序号 | 项目 | 外挂门 | 内藏门 | 塞拉门 |
|---|---|---|---|---|
| 10 | 质量 | 较塞拉门轻 | | 较重（加上车体接口等，一扇塞拉门要比外挂门或内藏门重 40~50 kg） |
| 11 | 与客室窗干涉情况 | 与客室窗无干涉，窗户的宽度可以达到最大 | 由于内藏门需要在侧墙内滑动，因此，客室窗的宽度将受到影响 | 同外挂门 |
| 12 | 费用 | 较塞拉门低很多，和内藏门差不多 | 较塞拉门低很多，和外挂门差不多 | 较外挂门和内藏门造价高很多 |
| 13 | 操作环境 | 适用于大客流环境，不适用于高速车辆 | 适用于大客流环境，不适用于高速车辆 | 不适用于大客流环境，适用于高速车辆 |
| 14 | 国内应用经验 | 广州地铁 2 号线、上海轨道交通 1 号线增购车、北京地铁 | 广州地铁 1 号线，上海轨道交通 1、2 号线 | 上海轨道交通 3 号线，深圳地铁 1 号线，广州地铁 3、4、5 号线 |

## 三、车门编号的确认

为便于识别、车门定位、检修、客室车厢设备定位及乘客遗落物品的找寻，城市轨道交通车辆的每个客室侧门均有编号，虽然不同地铁线路车辆车门编号具有差异性，但均按照相应的规则进行编号。

### 1. 客室车门编号的规则

门页的编号：自 1 位端到 2 位端，沿着每辆车的左侧为由小到大的连续奇数；右侧为由小到大的连续偶数。车门的编号则由该车门两个门页的号码合并而成：自 1 位端到 2 位端，左侧车门的编号由两门页的连续奇数组成，右侧车门的编号由两门页的连续偶数组成。图 3–6 所示为一组列车的车门编号。

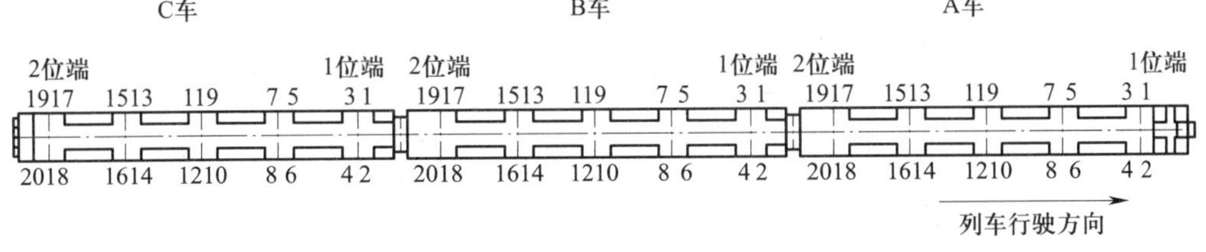


图 3–6　一组列车的车门编号

### 2. 识别客室车门编号的方法

当车门出现故障，站务人员需要协助司机处理时，首先必须准确找到并确认故障门的位置。

（1）登上列车前（车外）

在滑动门右侧立柱上方贴有车门、安全门编号，或者通过车身外部印刷的编号进行确认。

（2）登上列车后（车内）

1）乘客报警器下方印刷有车厢编号和车门编号。

2）每个门旁扶手上方印刷有车门编号。

3）车厢内连接处印刷有车厢编号。

## 第二节　车门的结构

### 一、车门的基本组成

不同类型的车门，其组成略有不同，但都包括车门悬挂导向装置、车门驱动装置、左右门叶、内部紧急解锁装置、乘务员钥匙开关（或称为外部紧急解锁开关、紧急入口装置）、一套安装在车体上的密封型材（上、左和右）等机械部件，以及电子门控单元、电气连接部件、各类行程开关、指示灯等电气或气动部件。客室车门的组成如图 3–7 所示。

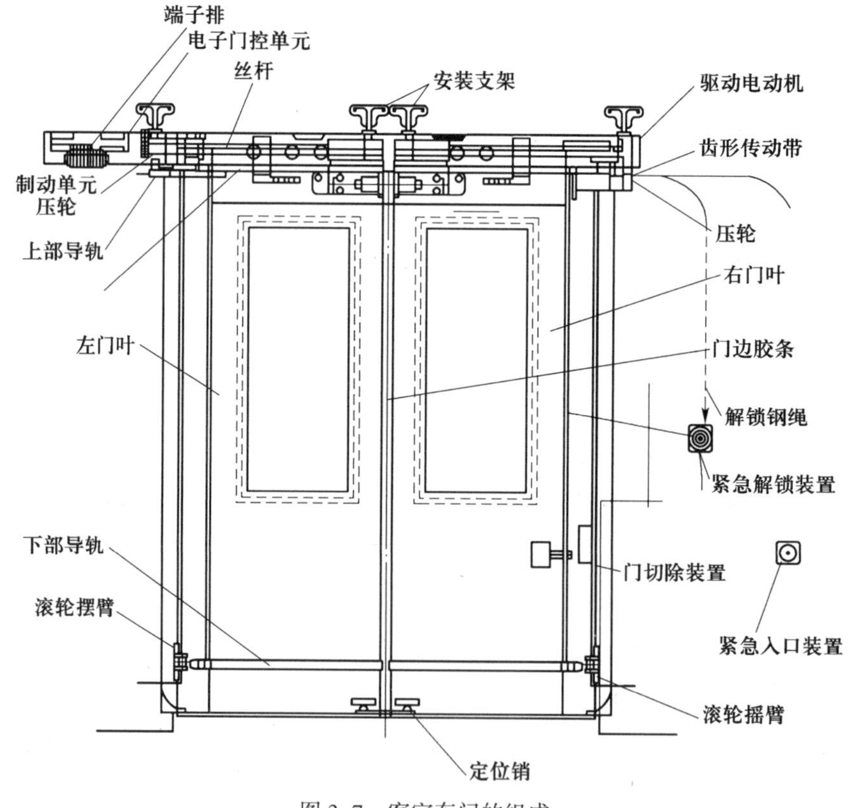


图 3–7　客室车门的组成

## 二、车门的子系统部件

### 1. 车门悬挂导向装置

车门悬挂导向装置（见图 3–8）主要由横向导柱、纵向导柱及携门架组成，导向装置由上滑道和下滑道组成。

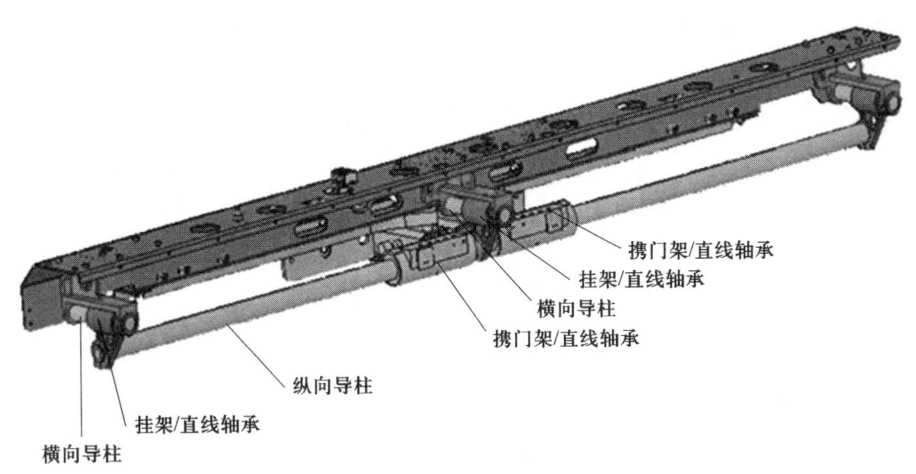


图 3–8 车门悬挂导向装置

### 2. 驱动装置

驱动装置如图 3–9 所示。门的运动由一个带减速器的电动机驱动丝杆（对于双页门，丝杆一半是右旋的，一半是左旋的）来实现。螺母与门扇相连，门扇通过携门架实现运动。

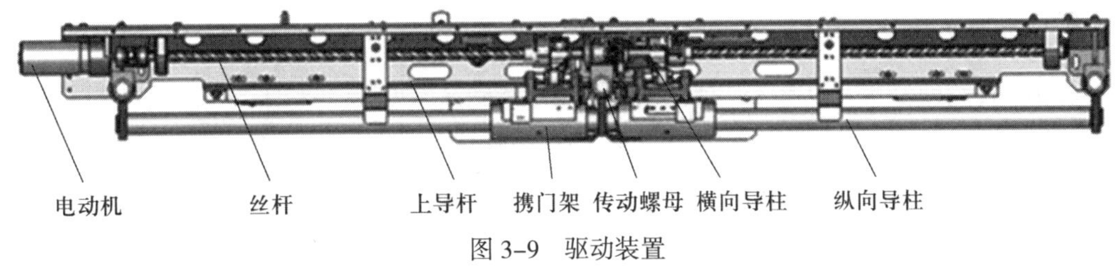


图 3–9 驱动装置

携门架通过滚珠直线轴承在纵向导柱上滑动。它将力从机构传送到门扇，也把力从门页传送到机构。携门架通过螺钉牢牢地安装在门页上，将门扇的所有质量和动力传送给纵向导柱。

### 3. 锁闭装置

车门系统的锁闭原理是制动器允许电动机双向自由旋转，而限制丝杆往开门方向旋转。电动机安装在制动器的主动轴端，丝杆安装在制动器的从动轴端。门系统正常工作时，电动机带动丝杆双向自由旋转，实现门系统的自动开关。

**4. 内部紧急解锁装置**

为了能够在紧急情况下解锁并打开车门，在车门内侧墙上装有一把紧急手柄。操作该手柄，将会启动紧急解锁开关，并发出“紧急操作”信号，通过牵拉绳索，门锁被释放。如果此时车辆门释放列车线有效，可以手动开门；如果车辆门释放列车线无效，电动机将在关门方向上施加一个力，阻止门被打开。紧急手柄可复位，复位后，门的开关回到正常操作状态。内部紧急解锁装置如图 3–10 所示。

**5. 外部紧急解锁装置**

每节车厢每侧面各设置一个外部紧急解锁装置，如图 3–11 所示，用方孔钥匙操作。该装置被激活后，其功能与内部紧急解锁装置相同。

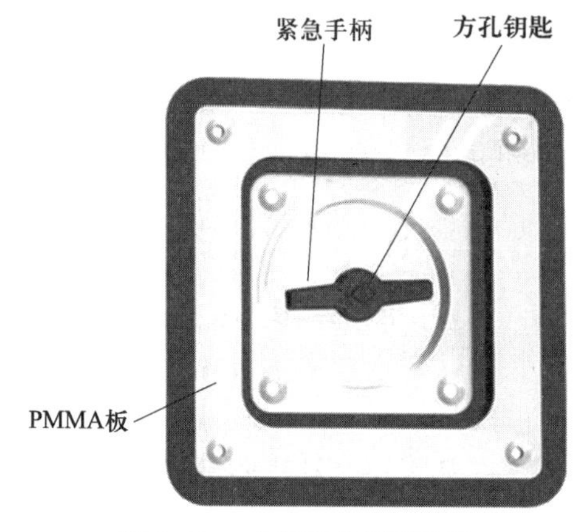


图 3–10　内部紧急解锁装置

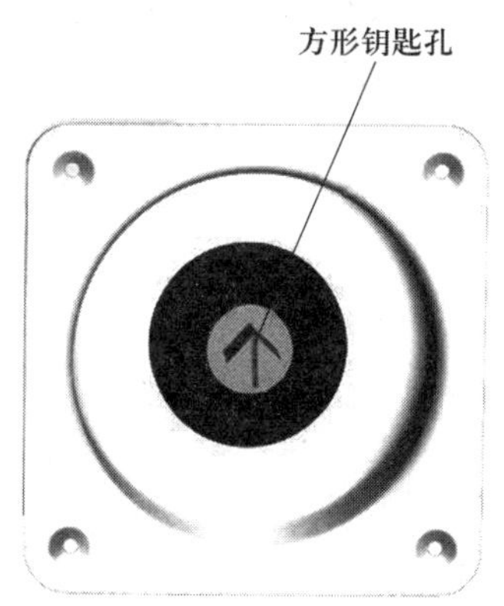


图 3–11　外部紧急解锁装置

**6. 门隔离装置**

车门的右侧门柱上（从内往外看）装有门隔离装置（见图 3–12），实现门的机械隔离。在门出现故障不能进行正常服务时，可以手动将门移至关闭且锁紧的位置，用乘务员钥匙实现隔离。

**7. 门页**

门页（见图 3–13）为铝蜂窝复合结构，具有铝框架、铝蒙板和铝蜂窝芯，采用热固化工艺制作。门页内表面是平的。窗玻璃黏结到门页上并与门页的外表面平齐。门页周边装有胶条，实现门的周边密封。

**8. 电子门控单元**

电子门控单元（EDCU）包括门系统操作指示单元、电子门控单元、电源模块、接线端子及连接线束等。为了维护方便，电子门控单元还设有一个 RS232 接口，用于实现计算机到电子门控单元的局部连接。

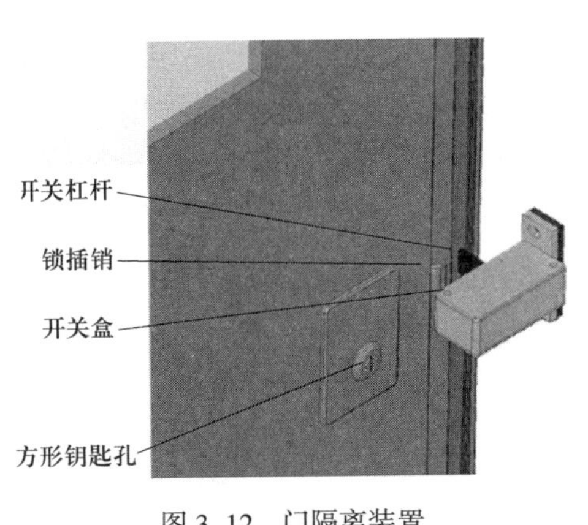


图 3–12　门隔离装置

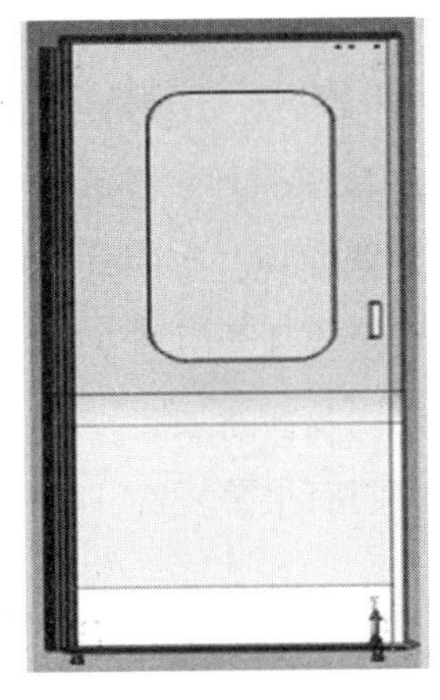

图 3–13　门页

## 第三节　车门的控制

### 一、车门的工作原理

下面以塞拉门为例，介绍车门的工作原理。当车门完全关闭时，门页与车辆的外表面平齐。开门时，塞拉电动机带动机构解锁并使门系统 90° 方向塞出后，驱动装置带动门页平行于车体侧面滑动到完全打开位置。关门时，驱动装置带动门页平行于车体侧面反向滑动至关门位置后，塞拉电动机带动门系统 90° 方向塞入并实现过死点锁闭。

塞拉门工作原理如图 3–14 所示。

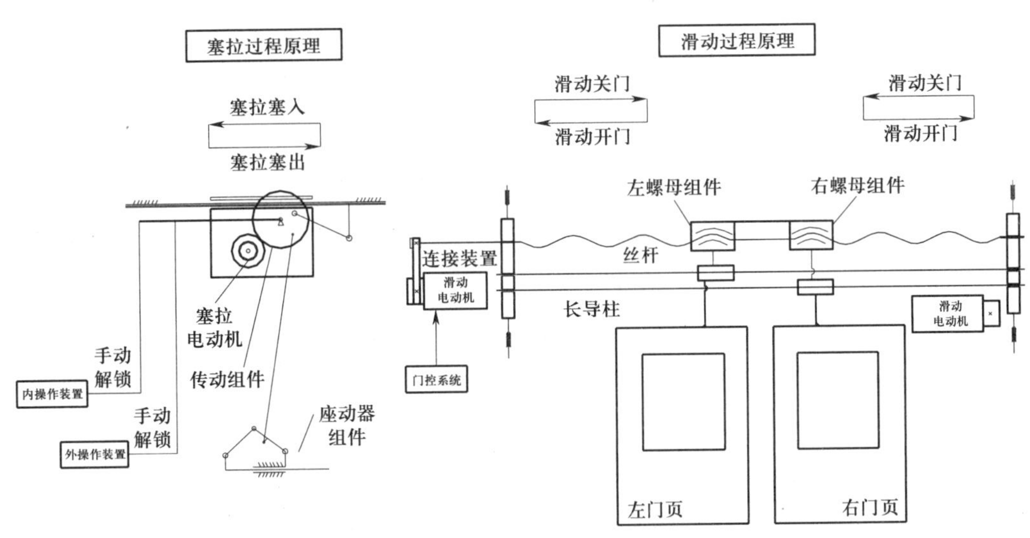


图 3–14　塞拉门工作原理

## 二、车门的电气控制原理

电子门控单元是车辆电气部分和车门机械操纵机构之间的接口，它对车门的控制由可编程序控制器实现，车门电气控制原理如图 3-15 所示。当零速信号有开门使能信号时，电子门控单元接收到开门指令后，将控制车门电动机朝开门方向动作，并将车门的相关状态传送给列车控制及诊断系统。关门是一个相反的过程。同时，车门具有零速保护和安全联锁电路，开、关门有报警装置、障碍物监测等安全保护措施。

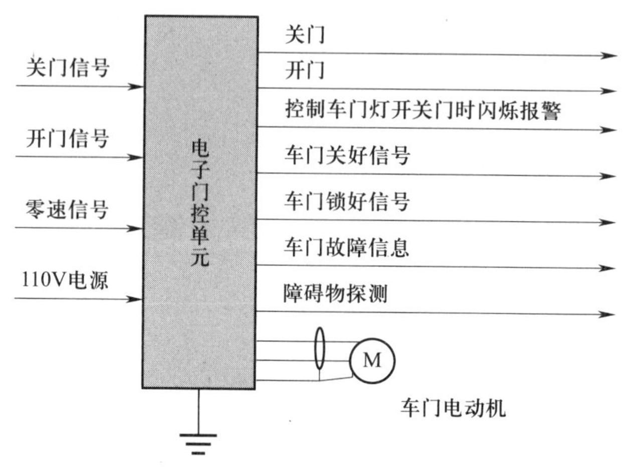


图 3-15　车门电气控制原理

### 1. 开、关门

整个车门系统的运动是由电子门控单元控制车门电动机驱动的。车门电动机通过传动系统驱动丝杆或螺母运动，丝杆上的螺母通过铰链与门页相连，驱动门页开、关。

通常开、关门是通过安装在司机室内的开、关门按钮来实现的。开、关门按钮安装在司机室内，每侧设有一套。当司机用主控钥匙启动驾驶台时，开关得电。当所有车门被关闭和锁闭时，关门按钮灯亮，如果有任何门保持在打开状态，所有关门按钮灯都不会亮。这样是为司机提供了车门的状态指示。司机通过每侧的开、关按钮操纵车门，每侧都有单独的电路。

车门既可以在自动驾驶模式下自动打开，也可以由司机进行开、关。门的开启和关闭状态是由门释放列车线（零速列车线）、开门列车线、关门列车线决定的，在门的整个关闭过程中内 / 外侧车门指示灯闪烁。

只有门释放列车线有效才有可能打开门。在这种情况下，内部安全继电器（位于电子门控器中）直接由此信号（硬连线）激活。 安全继电器的电流消耗约为 10 mA。激活的安全继电器将接通电动机电源的接线，从而使软件在开门方向上驱动门机构。门释放列车线无效时，开启的门将立即开始关闭。

门释放列车线有效是开门的前提条件，可以由自动控制（ATC）系统自动给出，也可通过按相应侧的强制开门按钮给出。

车门状态的逻辑关系见表3–2。其中“1”表示有效，“0”表示无效，“*”表示0或1。

**表 3–2　　车门状态的逻辑关系**

| 零速列车线 | 门释放列车线 | 开门列车线 | 关门列车线 | 门的状态 |
| --- | --- | --- | --- | --- |
| 0 | * | * | * | 关 |
| 1 | 0 | * | 0 | 开门过程中关闭<br>门开到位后保持 |
| 1 | 0 | * | 1 | 关 |
| 1 | 1 | 1 | 0 | 开 |
| 1 | 1 | * | 1 | 关 |

**2. 零速度保护**

车速为零时，车门控制器得到“零速”信号后开门功能才能起作用。当列车速度大于零，车门仍然处于开启状态时，将启动自动关门功能。

**3. 安全联锁电路（安全回路）**

锁闭开关检测到车门完全关闭后，常开触点闭合，同一节车同侧所有车门的锁闭开关常开触点串联，形成关门安全联锁电路。一辆列车的关门安全联锁电路形成环路，所有车门都关好后，司机室内“门已锁闭”指示灯亮，列车方可启动。列车左、右侧安全联锁电路完全隔离，无共用元件。由于车门的状态关系到乘客及运营安全，为确保列车运行过程中车门正确锁闭，只要检测到某个车门没有正确锁闭，列车将无法启动；在运行过程中，如果有乘客将紧急解锁手柄拉下，安全回路断开，列车将触发紧急制动并停车。

**4. 障碍物检测功能**

如果关门时碰到障碍物，最大关门力最多持续0.5 s，然后车门可以打开一段距离，再重新关闭；或保持这个位置进行一段时间的调节，再完全关上。如果障碍物一直存在，经过几次探测后，门将处于打开状态。障碍物探测的次数与障碍物的大小可以通过电子门控单元进行设定。

**5. 门隔离**

司机可使用方孔钥匙触动隔离开关，使车门处于关闭和锁紧位置。隔离开关的 NC 触点向电子门控单元发出一个信号，隔离开关的 NO 触点优先于安全互锁回路。此时，门已被机械锁住，不能操作被隔离门上的紧急解锁装置。

## 三、车门控制的操作方法

为保证乘客的出行安全，站务人员必须掌握列车客室侧门及紧急疏散门的操作方法。

**1. 紧急疏散门的操作方法**

地铁车辆紧急疏散门主要由门扇、铰链部分、折叠坡道、开门机构和防护装置等组成，如图 3–16 所示。门扇通过铰链和空气弹簧与车体连接，门扇上带有玻璃视窗，门扇内部为密封框架，通过双层密封达到隔音隔热、防水渗漏等要求。坡道安装在主副司机台之间，坡道折叠后的高度为 1 020 mm，不影响门扇上方的玻璃视窗。坡道上设有防护罩，不仅能保证司机室美观，其阻尼装置还可以缓冲展开时的重力冲击。坡道必须在解锁的状态下才能被展开，保证列车在运行过程中遇到紧急制动时，坡道不会展开。此种类型疏散门主要有以下特点：操作简单、结构空间小、带玻璃视窗、展开时冲击小、使用寿命长、疏散能力强，而且零部件材料主要采用不锈钢、铝合金和玻璃钢等，满足防锈、防腐蚀、防火等要求，在 360 kg/m$^2$ 载荷下无永久变形。

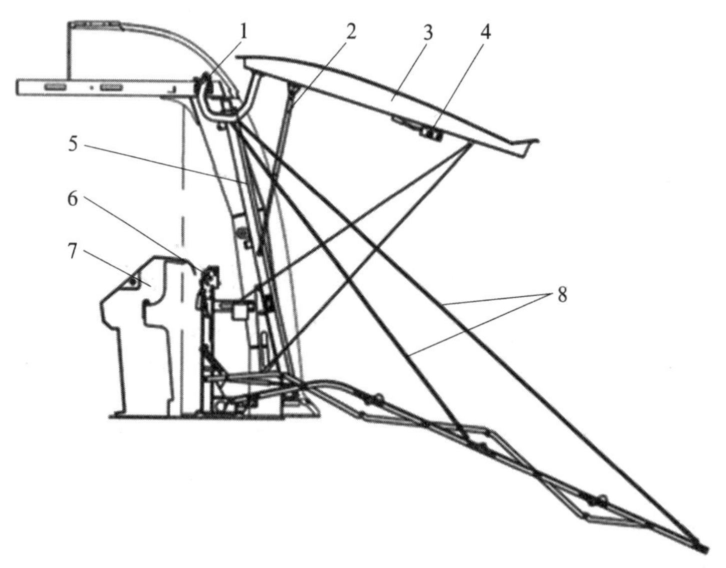


图 3–16 紧急疏散门结构（展开状态）

1—铰链 2—空气弹簧 3—门扇 4—门锁 5—密封框架 6—折叠坡道 7—防护罩 8—承载机构

紧急疏散门操作简单，开启、闭合是完全手工操作，整个门机构无须外部电气动力即可完成展开，种类和形式可根据实际情况选择。紧急疏散门的种类和形式见表 3–3。

表 3-3　　紧急疏散门的种类和形式

| 种类和形式 | | 结构特点 | | 应用举例 |
|---|---|---|---|---|
| | | 优点 | 缺点 | |
| 坡道式 | 结合式 | 操作步骤少，操作时间短，疏散能力强 | 不带玻璃视窗，司机室视野较差；结构较复杂，质量较大，成本高 | 上海轨道交通 11 号线等 |
| | 分开式 | 带玻璃视窗，司机室视野较好；操作步骤少，操作时间短，疏散能力强 | 采用空气弹簧作动力，要求空气弹簧质量较好；结构较复杂，质量较大，成本高 | 深圳地铁 5 号线等 |
| | 踏梯式 | 带玻璃视窗，司机室视野较好；结构简单，质量小，价格便宜 | 采用空气弹簧作动力，要求空气弹簧质量较好；操作步骤较多，操作时间较长，疏散能力较差 | 深圳地铁 1 号线等 |

紧急疏散门系统开门过程只需要以下三步：利用三角钥匙将紧急疏散门锁闭装置打到释放准备位置；推动紧急疏散门上的门锁，门扇必须推动到约 20° 时再松开把手，如提前松开把手，门扇有可能往回运动；及时松开把手，释放紧急疏散梯，扣住紧急疏散梯上的四个安全扣件，进行乘客紧急疏散。车上的乘客疏散完毕后，需有司机或站务人员配合收回紧急疏散梯。

**2. 车门紧急解锁功能（内部）**

每套车门在客室内均设有车门紧急解锁装置，在紧急情况下可由乘务人员或站务人员通过专用三角钥匙进行解锁操作，如图 3-17 所示。紧急解锁后，该门的开启不受开关门命令的控制。

图 3-17　车门紧急解锁功能（内部）

操作紧急解锁装置后，可以实现以下功能：

（1）当车辆处于零速状态时，紧急操作可以通过钢丝绳实现门的机械解锁并手动开门，手动开门的力不大于 150 N。

（2）紧急解锁后，信号传给列车监控系统，并能在司机室监视显示器上显示哪个门的紧急解锁装置被启动。

（3）内部紧急解锁装置将被定位在操作状态，并可以手动复位。根据给定的信号，内部紧急解锁装置的复位操作将激活门的操作。

（4）当车辆处于非零速状态时，允许车门以紧急解锁方式打开。

操作方法：用三角钥匙将紧急解锁装置转到解锁位置，然后用手推开车门。

**3. 车门紧急解锁功能（外部）**

如需从外部手动开门，每辆车的两个车门各配备了一个外部紧急解锁装置，采用 7 mm × 7 mm 方孔钥匙锁好，用于打开每节车的 3、4 号门。

操作方法：

（1）由乘务员通过 7 mm × 7 mm 方孔钥匙打开外部紧急解锁装置手柄。

（2）拉动手柄，通过钢丝绳解锁车门，随后可以手动开门。

（3）复位时，先使手柄归位，然后使用方孔钥匙旋回锁好。

外部紧急解锁装置及布置如图 3–18 所示。

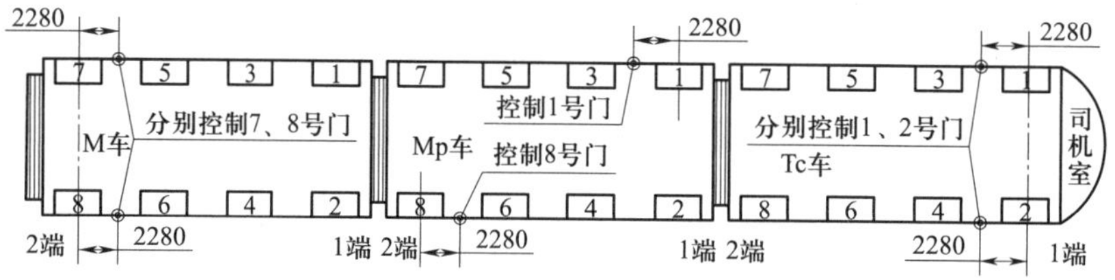


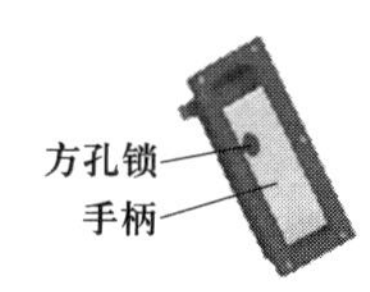


图 3–18　外部紧急解锁装置及布置

## 思考与练习

1. 城市轨道交通车辆车门按照功能不同可分为哪几种类型？
2. 客室塞拉门的优缺点有哪些？
3. 简述车门的编号方法。
4. 简述车门状态的逻辑关系。

# 第四章　转　向　架

## 学习目标：

- 掌握城市轨道交通车辆转向架的组成及种类。
- 掌握转向架主要部件的结构及作用。
- 了解弹簧减振装置的结构及作用原理。
- 了解常见城市轨道交通车辆转向架的结构组成。

转向架是保证车辆运行品质、动力性能和行车安全的关键部件。城市轨道交通车辆运行于地下隧道或城市的高架线路上，要求转向架具有较低的噪声和良好的减振性能，并且对车辆载质量变化有较强的适应性，所以广泛采用空气弹簧和橡胶弹簧作为弹性悬挂元件。

## 第一节　转向架概述

转向架安装在车体与轨道之间，用来牵引和引导车辆沿着轨道行驶和转变方向，承受与传递来自车体和线路的各种荷载并缓和冲击力，能将轮对的滚动转化为车体的平动，同时提高车辆通过曲线线路的能力。

### 一、转向架的功能

转向架是城市轨道交通车辆最重要的组成部件之一，其主要功能如下：

#### 1. 支撑车体

采用转向架可以增加列车的载质量、长度和容积，提高运行速度，同时支撑车体，承受并传递来自车体与轮对之间或钢轨与车体之间的各种载荷及作用力，使轴重均匀分配。

#### 2. 通过曲线线路

转向架可以围绕其中心相对于车体回转，从而改变列车运行方向，既能灵活地沿着直线线路运行，又可以顺利通过一定半径的曲线线路，减少运行阻力与噪声，提高运行速度，保证车辆安全。

**3. 传递牵引力和制动力**

转向架可以充分利用轮对与轮轨之间的黏着作用，传递牵引力和制动力。当列车处于牵引状态时，牵引电动机产生转矩，通过齿轮传动装置使轮对沿着钢轨滚动，轮对与钢轨之间的黏着作用可以使车轮滚动力矩转化为向前的牵引力，使车辆沿轨道平动。当列车处于制动状态时，电动机或制动器给轮对作用一与轮对转动方向相反的力矩，轮对与钢轨之间的黏着作用可以使该力矩转化为向后的制动力，保证列车能在规定的距离内停车。

**4. 提高乘坐舒适度**

在列车运行过程中，因道岔、弯道等因素会使轮对产生振动。可在转向架上安装弹簧减振装置，使之具有良好的减振性能，缓和车辆和线路之间的相互作用，减小振动和冲击，确保车辆运行的平稳和安全，提高乘客乘坐的舒适度。

## 二、转向架的组成

转向架的类型较多，结构各异。但其基本功能和基本组成部分是一样的，一般转向架的组成部分包括构架、轮对和轴箱装置、弹簧减振装置、牵引驱动装置（动车）、牵引连接装置、制动装置（制动单元及其气管）和辅助装置（轴端接地炭刷、速度传感器等）。

## 三、转向架的布置

以广州地铁 9 号线车辆为例，每列车由 2 节 Mp 车、2 节 M 车和 2 节 Tc 车组成，每节 Mp 车和 M 车各配有 1 个动车转向架 1 和 1 个动车转向架 2，每节 Tc 车配有 1 个拖车转向架 1 和 1 个拖车转向架 2 或 3，如图 4–1 所示。

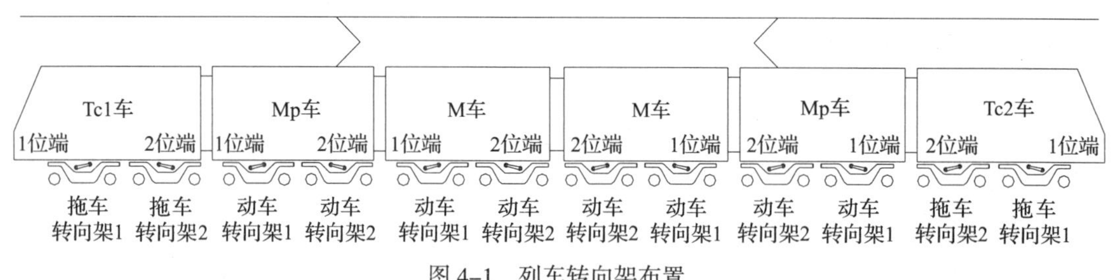


图 4–1　列车转向架布置

## 四、转向架的主要技术要求

转向架是车辆的一个独立部件，在转向架与车体之间应尽可能减少连接件，要求结构简单、装拆方便，以便于制造和维修。城市轨道交通车辆的转向架还要便于安装牵引电动机及传动装置，以驱动车辆沿钢轨运行。转向架主要技术参数见表 4–1。

表 4–1 转向架主要技术参数

| 参数 | 单位 | 数值 |
| --- | --- | --- |
| 轴式 | — | Bo–Bo（动车）/2–2（拖车） |
| 轨距 | mm | 1 435 |
| 轴距 | mm | 2 300 |
| 最大运行速度 | km/h | 120 |
| 转向架中心距 | mm | 12 600 |
| 最大轴重 | t | 14 |
| 车轮滚动圆直径 | mm | 840（新轮）/770（全磨耗轮） |
| 轮对内侧距 | mm | $1\,353^{+3}_{0}$ |
| 车轮踏面 | — | LM |
| 一系垂向止挡间隙 | mm | 37 ± 3 |
| 二系横向止挡间隙 | mm | 40（自由间隙 15 mm，弹性间隙 25 mm） |
| 空气弹簧上表面距轨面高度 | mm | 894 |

## 五、转向架的分类

转向架用途多样，运行条件也有差别，这对其性能、结构、参数和采用的材料、工艺等提出了不同的要求，从而出现了多种形式的转向架。各种转向架主要区别在于车轴的类型和数目、轴箱定位的方式、弹簧装置的形式、车体与转向架的连接方式等。

### 1. 按轴数分类

一般铁路机车车辆有 2 轴转向架、3 轴转向架、多轴转向架（极少数）等，而城市轨道交通车辆通常只有 2 轴转向架，但在轻轨车辆上有时可见单轮对（或轮组）转向架。

### 2. 按轴箱定位方式分类

轴箱定位也就是轮对定位，可以限制轮对与构架之间纵横两个方向的相互位置关系。轴箱定位对确保转向架的横向动力性能、抑制蛇行运动具有决定性的作用。轴箱定位装置在纵向和横向要求具有适当的弹性定位刚度值，从而避免车辆在运行速度范围内蛇行运动失稳，保证良好的导向性能，减轻轮缘与钢轨的磨耗和噪声，确保运行安全和平稳性。轴箱定位形式主要有转臂式轴箱定位、金属层叠橡胶堆式轴箱定位、双拉杆式 + 弹性节点轴箱定位和拉板式轴箱定位。

### 3. 按弹簧悬挂方式分类

一系悬挂仅在轮对轴箱与构架间或者仅在构架与车体间有弹簧，适用于中低速车辆。二系悬挂除了在轮对轴箱与构架间有弹簧外，还在构架与车体间设置第二系悬挂弹簧，适用于高速机车车辆。城市轨道交通车辆通常采用二系悬挂转向架。

**4. 按车体与转向架的连接方式分类**

按车体与转向架的连接方式不同，转向架可分为有心盘转向架、无心盘转向架和铰接式转向架，铰接式转向架又可分为具有双排球形转盘的铰接转向架、具有球心盘的铰接转向架和高速列车（TGV）铰接式转向架。

## 第二节 转向架构架

### 一、构架的作用与设计要求

构架是转向架其他各组成部件的安装基础，主要用于安装转向架部件（如轮对、一系悬挂装置、二系悬挂装置、牵引电动机、齿轮箱、牵引装置、基础制动单元、减振器等），传递牵引力、制动力和承担车体质量，并传递各部件产生的作用力。转向架构架的设计要求如下：

1. 尺寸精度要求高，以保证转向架部件的高精度安装定位。
2. 便于转向架各部件与附加装置的安装。
3. 要有足够的刚度和强度。

### 二、构架的组成

动车转向架和拖车转向架均采用相同的构架，动、拖车转向架的构架能完全互换。构架是由两根侧梁和一根横梁焊接成无摇枕的 H 形结构。侧梁为中间下凹的鱼腹箱形结构，中间凹下去以便空气弹簧有足够的空间安装。侧梁中间隔板的位置根据受力情况而定，以保证侧梁的抗弯抗扭能力。侧梁上有垂向减振器安装座、抗侧滚扭杆安装座、金属螺旋弹簧座和横向减振器安装座等。横梁采用无缝钢管，其上横梁设有电动机安装座、齿轮箱吊杆安装座、牵引拉杆安装座和制动器安装座等结构。构架结构如图 4–2 所示。

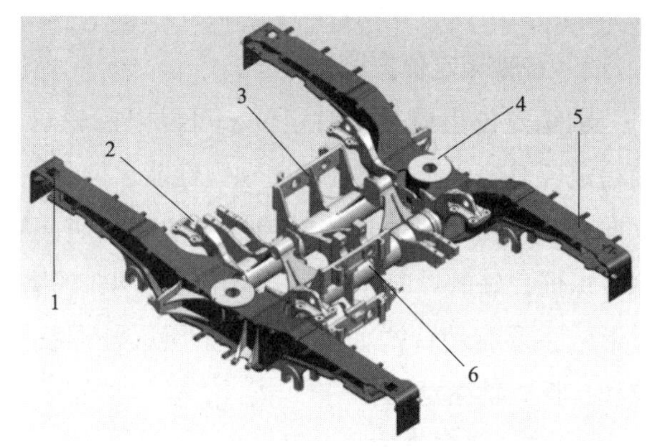

图 4–2　构架结构

1— 一系弹簧安装座　2—齿轮箱吊杆安装座　3—电动机安装座　4—空气弹簧支座　5—侧梁　6—横梁

### 三、构架的类型

按制造工艺不同，构架可分为铸钢构架和焊接构架。铸钢构架质量大，铸造工艺复杂，使用受到一定程度的限制，因此城市轨道交通车辆一般采用焊接构架。焊接构架的组成梁是中空箱形梁，质量轻且节省材料，兼具刚度和强度要求。

按结构形式不同，构架通常分为开口式构架、封闭式构架、H形构架、日字形构架等。目前，城市轨道交通车辆转向架普遍采用H形构架（轻量化低合金高强度钢板焊接构架）。

## 第三节　轮对与轴箱装置

### 一、轮对

轮对是转向架的重要部件之一，也是影响车辆运行安全性的关键部件。它承受着从车体、钢轨两个方面传递来的作用力，并引导车轮沿钢轨滚动完成车辆的运行。轮对性能的好坏直接影响行车安全。因此，轮对必须坚固耐用，各部分尺寸必须符合技术规定，以确保行车安全。轮对由一根车轴和两个相同的车轮组成，组装时采用过盈配合，在轮轴顶压机（油压机）上将两车轮压装于车轴两端。轮对结构和外观如图4–3和图4–4所示。

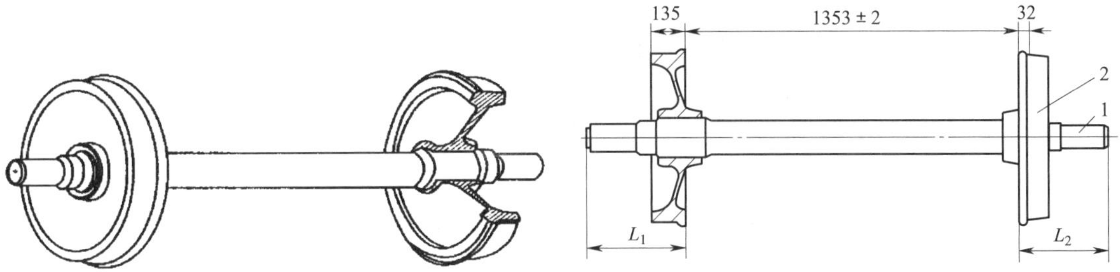


图4–3　轮对结构

1—车轴　2—车轮

a）

b）

图4–4　轮对外观

a）动车轮对　b）拖车轮对

### 1. 车轴

车轴采用优质碳素钢加热锻压成型，经过热处理和机械加工制成。车轴是轮对的主要配件，它除与车轮组成轮对外，两端还要与轴箱油润装置配合，保证车辆安全运行。车轴结构如图 4–5 所示。

车轴各部位名称和作用如下：轴颈用于安装滚动轴承，负担着车辆质量，并传递各方向的静动载荷。防尘挡板座为车轴与防尘挡板配合部位，是车轴探伤的重点部位。轮座是车轴与车轮配合的部位。有些轮对的轮座采用 1 : 300 的锥度与轮毂孔配合，有利于提高冷压装轮和注油退轮的成功率，但对轮毂孔和轮座的粗糙度要求比较高。不少车轴仍采用圆柱形轮座，但也要求轮座内侧直径比外侧直径大。动车车轴的一端有齿轮箱座、齿轮箱轴承座，动车车轴的齿轮箱座部位凹槽较多，超声波探伤时应注意避开其影响。轴身是车轴中央部分，该部位受力最小。

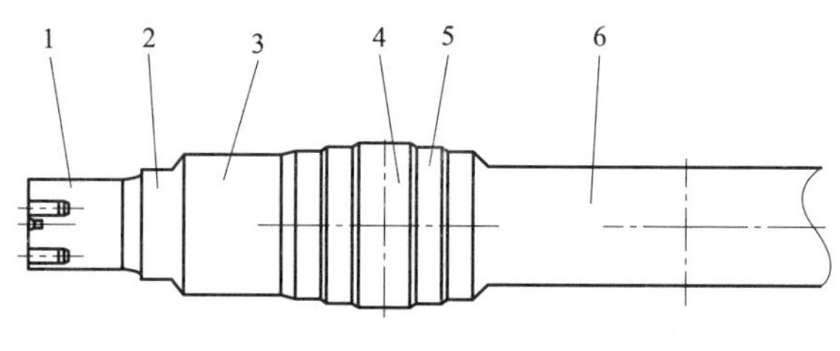


图 4–5　车轴结构

1—轴颈　2—防尘挡板座　3—轮座　4—齿轮箱座　5—齿轮箱轴承座　6—轴身

### 2. 车轮

车轮是车辆最终受力配件，它把车辆的载荷传给钢轨，并在钢轨上转动，完成车辆的运行，其性能的好坏直接影响行车安全。

（1）车轮的组成部分

车轮普遍采用的是整体辗钢轮，用钢锭制坯，经锻压后机加工而成。车轮制造过程中应进行淬火等热处理，以提高强度。为了降低噪声，减少簧下质量，有些车辆还采用弹性车轮、消音车轮、S 形辐板车轮等新型车轮。车轮各部件如图 4–6 所示。

踏面：车轮与钢轨面相接触的外圆周面。踏面与轨面在一定的摩擦力下完成滚动运行。

轮缘：车轮内侧面的径向圆周凸起部分，保证车轮在轨道上正常运行不脱轨。

轮辋：车轮具有完整踏面的径向厚度部分，保证踏面具有足够的强度且便于加工和维修。

辐板：连接轮辋与轮毂的部分，起支撑作用。

轮毂：轮与轴互相配合的部分，固定在车轴轮座上，是车轮整个结构的主干与支撑。

轮毂孔：安装车轴用的孔，与轮座为过盈配合。

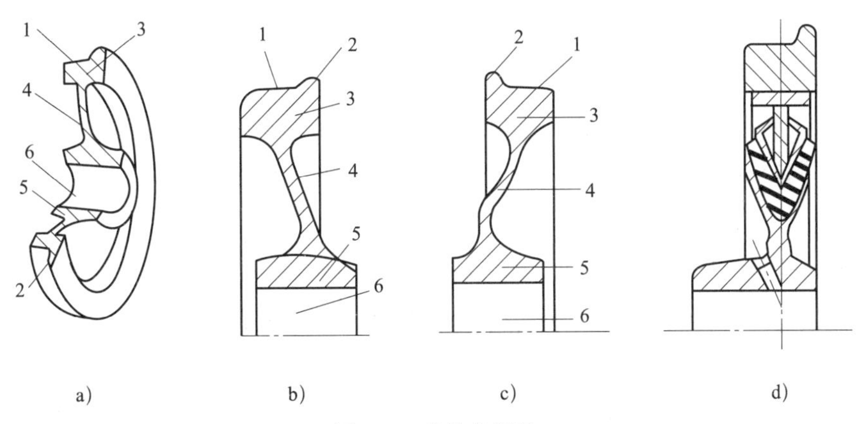


图 4–6　车轮各部件

a）整体车轮　b）直辐板形车轮　c）S 形辐板车轮　d）弹性车轮

1—踏面　2—轮缘　3—轮辋　4—辐板　5—轮毂　6—轮毂孔

（2）车轮材质要求

进口车轮普遍采用国际铁路联盟的标准，其材质采用 R8 或 R9，广州地铁 1 号线和 4 号线进口车轮均采用 R8–T 车轮钢，其中 R8 表示车轮钢的钢种，T 表示轮辋淬火。国产 S 形辐板车轮普遍采用 CL 60 钢，通过间歇淬火或三面淬火手段提高其淬透性，这种钢的含碳量、强度和硬度都稍高于 R8–T 车轮钢。车轮钢要求强度高、韧性好、运行中不会发生崩裂故障，且要求具有与钢轨相匹配的硬度，要尽量降低轮和轨的磨损，减少踏面疲劳剥离。

（3）磨耗型踏面

把车轮踏面一开始就做成类似磨耗后的稳定形状（即磨耗型踏面），可明显减少轮与轨的磨耗，减少车轮磨耗过限后修复成原形时旋切掉的材料，延长车轮的使用寿命，降低换轮的工作量。同时，磨耗型踏面还可减小轮轨的接触应力，既能保证车辆直线运行的横向稳定，又有利于曲线通过。LM 型踏面（见图 4–7）是我国城市轨道交通车辆广泛采用的磨耗型踏面。

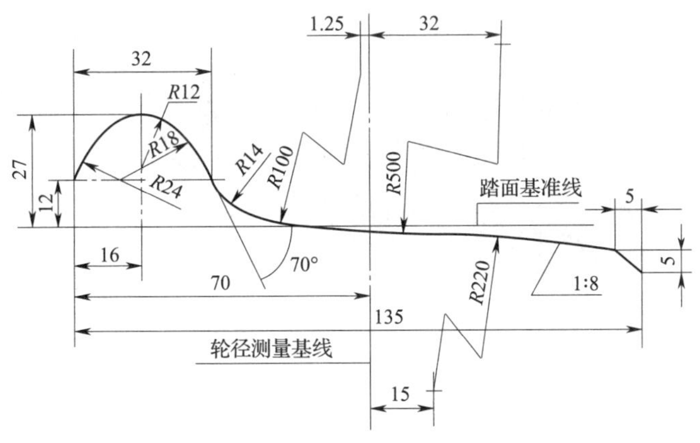


图 4–7　LM 型踏面

## 二、轴箱装置

轴箱装置由轴箱和轮对轴承组成。轴箱装置的作用是：第一，将轮对和构架连接在一起，使轮对沿钢轨的滚动转化为车体沿轨道的直线运动；第二，支撑一系簧上荷载；第三，传递牵引力和制动力。

### 1. 轴箱的分类

以广州地铁9号线车辆为例，根据轴端电气部件的不同，轴箱装置可分为以下四种：

（1）安装制动电子控制单元（BECU）单通道速度传感器的轴箱（装 BECU 单通道速度传感器 GL）。

（2）安装 BECU 双通道速度传感器的轴箱（装 BECU 双通道速度传感器 GL*）。

（3）安装信号速度传感器的轴箱（装 ATC 速度传感器）。

（4）安装接地装置的轴箱（装接地装置）。

四种轴箱装置的外观如图 4–8、图 4–9、图 4–10 所示。

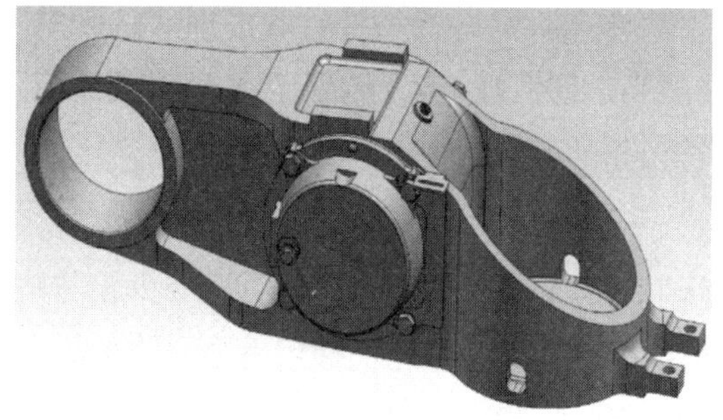

图 4–8　轴箱（装 GL 或 GL*）

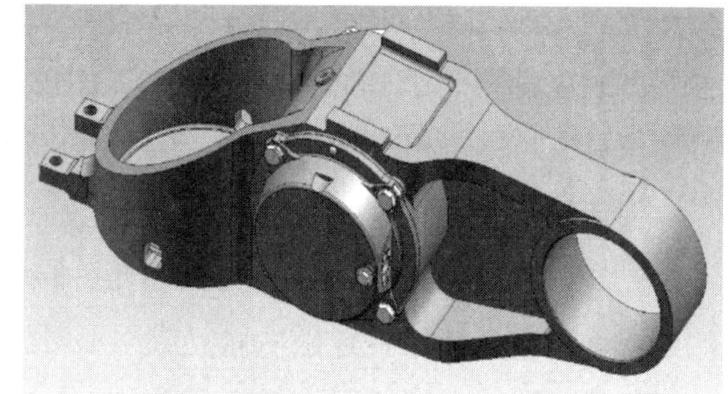

图 4–9　轴箱（装 ATC 速度传感器）

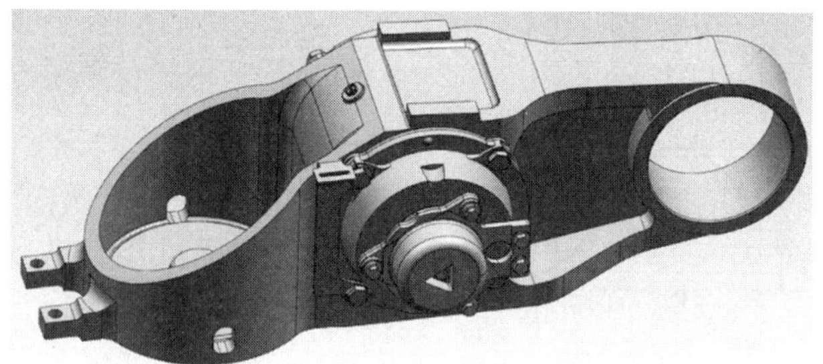

图 4–10　轴箱（装接地装置）

### 2. 轴箱的结构

轴箱由轴箱体、防尘挡板、轴箱盖及轴端附属装置等部件组成，如图 4–11 所示。

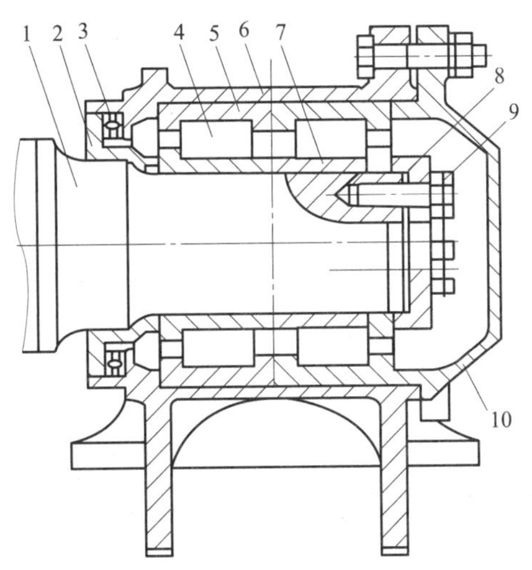


图 4–11 圆柱滚子轴承轴箱装置

1—车轴 2—防尘挡板 3—密封 4—圆柱滚子 5—轴承外圈
6—轴箱体 7—轴承内圈 8—内圈压板 9—螺栓 10—轴箱盖

**3. 轴承**

轴承主要有滑动轴承（见图 4–12）和滚动轴承（见图 4–13）两种。与滑动轴承相比，滚动轴承可以显著降低车辆启动阻力和运行阻力，改善车辆走行部工作条件。一般城市轨道交通车辆都采用圆柱滚子轴承或圆锥滚子轴承，轴承由外圈、内圈、滚子、保持架组成。

图 4–12 滑动轴承

图 4–13 滚动轴承

## 第四节 弹簧减振装置

### 一、弹簧减振装置概述

车辆在轨道上运行时，由于线路不平顺，轨隙、道岔、轨面有缺陷和磨损，以及车轮踏面擦伤和轮轴偏心等原因，必然产生复杂的振动和冲击。为了提高车辆运行的平稳性，保证乘客舒适度，必须安装弹簧减振装置。

弹簧减振装置主要由弹簧和减振器组成。弹簧主要起缓冲作用，缓和来自轨道的冲击和振动。而减振器的作用是减小振动，它的作用力总是与运动方向相反。

## 二、弹簧减振装置的分类

按车辆的悬挂方式不同，弹簧减振装置可分为一系悬挂装置和二系悬挂装置两种。其中，一系悬挂装置位于转向架与轴箱之间，二系悬挂装置位于车体底架与转向架构架之间。

### 1. 一系悬挂装置

一系悬挂装置由弹簧、转臂橡胶关节、一系垂向止挡和一系垂向减振器等部件组成，如图 4–14 所示。转臂橡胶关节将轮对与构架定位，弹簧位于轴箱体侧面，在每个轴箱处设一个一系垂向减振器。

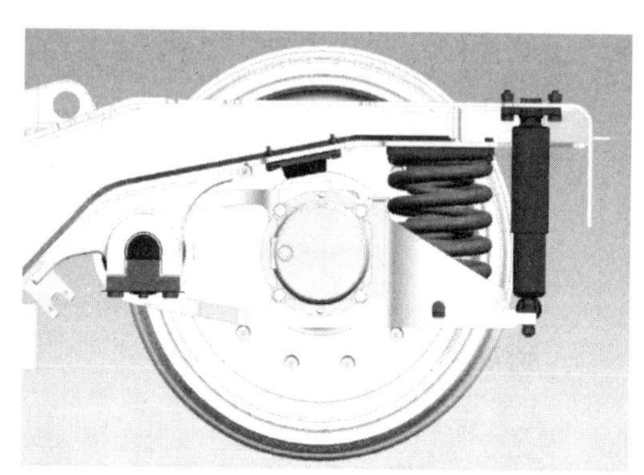

图 4–14　一系悬挂装置

一系悬挂装置的主要功能有：

（1）连接轮对与构架。

（2）传递牵引力和制动力。

（3）缓冲牵引力及制动力的冲击。

（4）支撑构架与车体质量。

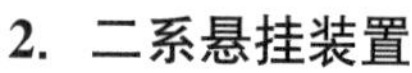

### 2. 二系悬挂装置

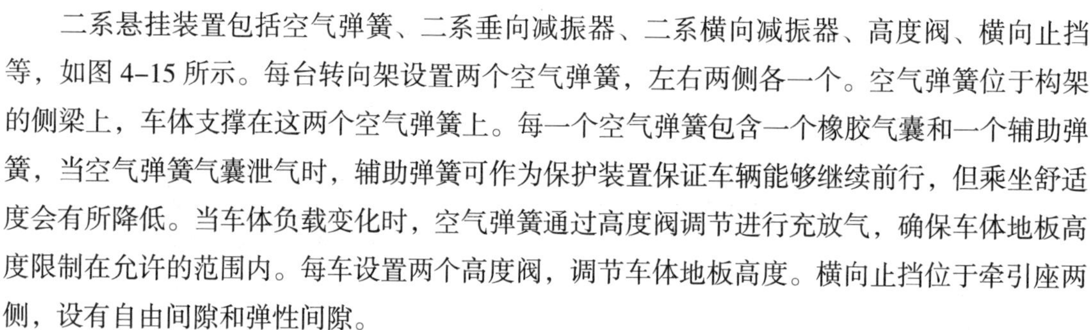

二系悬挂装置包括空气弹簧、二系垂向减振器、二系横向减振器、高度阀、横向止挡等，如图 4–15 所示。每台转向架设置两个空气弹簧，左右两侧各一个。空气弹簧位于构架的侧梁上，车体支撑在这两个空气弹簧上。每一个空气弹簧包含一个橡胶气囊和一个辅助弹簧，当空气弹簧气囊泄气时，辅助弹簧可作为保护装置保证车辆能够继续前行，但乘坐舒适度会有所降低。当车体负载变化时，空气弹簧通过高度阀调节进行充放气，确保车体地板高度限制在允许的范围内。每车设置两个高度阀，调节车体地板高度。横向止挡位于牵引座两侧，设有自由间隙和弹性间隙。

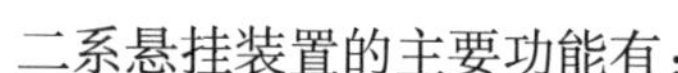

二系悬挂装置的主要功能有：

（1）支撑车体质量。

（2）减小振动，避免共振，提高车辆的运行平稳性。

（3）通过高度阀调节确保车体地板高度。

（4）横向止挡装置限制二系悬挂装置横向变形，以免超出正常范围，其弹性阻尼元件用来减小横向冲击。

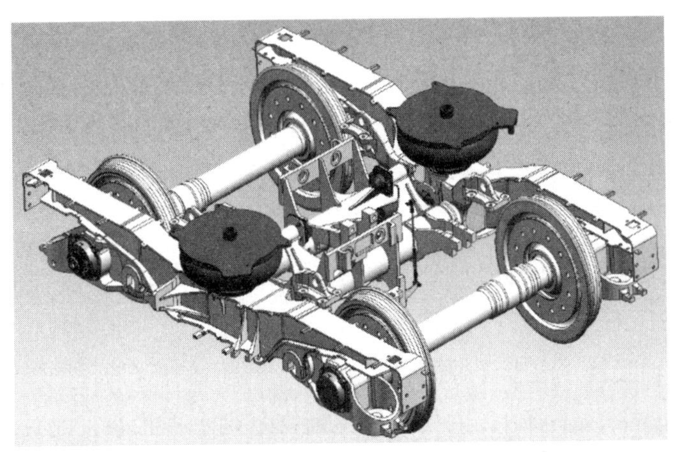

图 4-15 二系悬挂装置

## 三、空气弹簧

目前，城市轨道交通车辆普遍采用空气弹簧作为二系弹簧。空气弹簧主要由空气囊和紧急弹簧组成，空气弹簧底部是紧急弹簧。一方面，紧急弹簧能有效增加空气弹簧的柔度和挠度，提升列车乘坐舒适性；另一方面，紧急弹簧在空气弹簧爆裂时也能支撑列车继续运行，直至列车退出运行。

### 1. 空气弹簧的系统组成

空气弹簧的系统组成如图 4-16 所示，主要是由空气弹簧本体、高度阀、差压阀、滤尘器和附加空气室等组成。

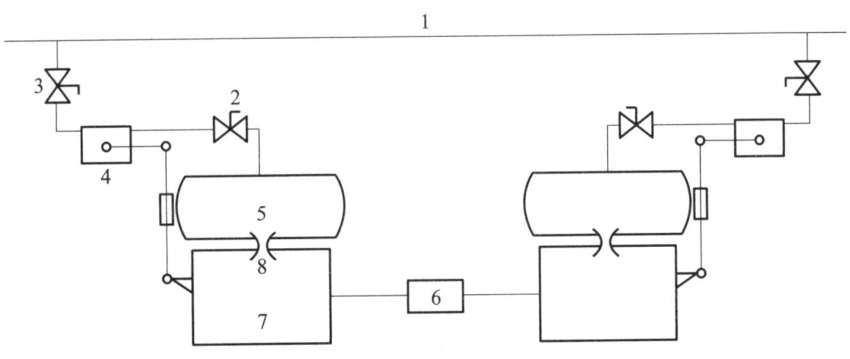


图 4-16 空气弹簧的系统组成

1—列车主风管 2—空气弹簧排风塞门 3—高度阀排风塞门 4—高度阀 5—空气弹簧本体 6—差压阀 7—附加空气室 8—节流阀

### 2. 高度阀

高度阀是空气弹簧悬挂系统装置中一个重要组成部件，空气弹簧的优势只有在采用良好的高度阀时，才能充分体现出来。

高度阀的主要作用是维持车体在不同载荷下都保持与轨面高度不变。车辆载荷的变化会引起车体高度的变化，高度阀能够自动地将空气充入或排出空气弹簧，使左右侧空气弹簧高度保持基本一致，从而减轻车体的倾斜，保证车辆的安全运行，同时也提高了乘客的舒适度。另外，空气弹簧有泄漏时，高度阀也可自动补气，保证空气弹簧的正常高度。

高度阀充排气如图 4–17 所示。车体载荷增加（或减少）时，空气弹簧的内压将不足（或过剩），因而被压缩（或伸长），高度降低（或增加）。此时控制机构的连杆向上（或向下）动作，带动主轴旋转，由于延时机构的作用，一定时间后打开进气阀（或排气阀），空气弹簧高度随之升高（或下降），并使连杆逐渐恢复到水平状态，此时，进气阀（或排气阀）迅速关闭，空气弹簧恢复到原来设定高度。

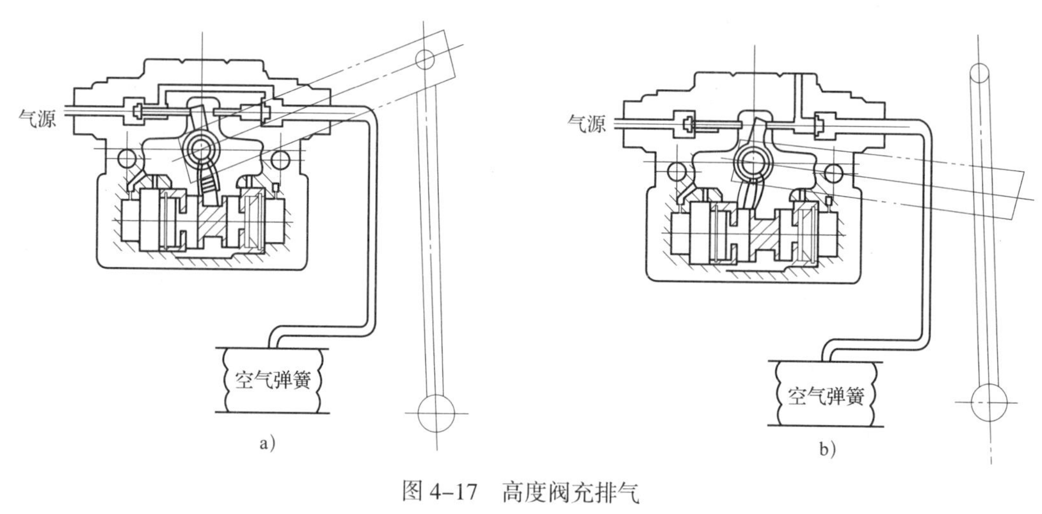


图 4–17　高度阀充排气

a）充气　b）排气

## 四、减振器

减振器是弹簧减振装置的重要组成部分之一，主要用来减少振动。按安装部位不同，减振器分为安装在轴箱与构架之间的一系减振器和安装在构架与车体之间的二系减振器。按衰减振动的方向不同，减振器主要有垂向减振器、横向减振器、抗蛇行减振器（见图 4–18、图 4–19、图 4–20、图 4–21）。城市轨道交通车辆一般采用垂向减振器与横向减振器，抗蛇行减振器一般运用于高速列车。

城市轨道交通车辆一般采用液压减振器。KONI 系列减振器和 SACHS 系列减振器都在城市轨道交通车辆中广泛使用，其基本原理都是通过车体振动时带动其活塞上下运动，驱动油液流经节流阀节流而产生减振阻力，系统振动机械能因此转化为油液热能而散逸，达到减振目的。

图 4–18 一系垂向减振器

图 4–19 二系垂向减振器

图 4–20 横向减振器

图 4–21 抗蛇形减振器

## 五、抗侧滚装置

城市轨道交通车辆通过二系悬挂满足车辆更高的性能要求。为了提高乘客乘坐的舒适度，二系悬挂采用较小的刚度。当车体受到惯性力、侧向力、偏载等因素影响时，刚度较小的二系悬挂不能保证车体维持正常姿态，车体两侧较容易出现相对转向架的高度差，即车体相对于转向架发生侧滚运动，这将降低车辆乘坐舒适度，影响运行平稳性，并且可能使车辆超出列车的动态包络线。

在车体和转向架之间安装抗侧滚装置以后，车体相对于转向架进行侧滚运动时，可通过垂向连杆把车体侧滚运动传递给扭臂，扭臂绕主扭杆中心作用一个力偶，使扭杆产生扭转变形。发生扭转变形的扭杆的复原弹力反作用于车体，可以缓冲并减少车体的侧滚运动，从而保证了车辆不超出限界，提高乘坐舒适度。

抗侧滚装置主要由一根扭杆和两根拉压杆组成，如图 4–22 所示。扭杆（见图 4–23）横向安装于车体底架下方。

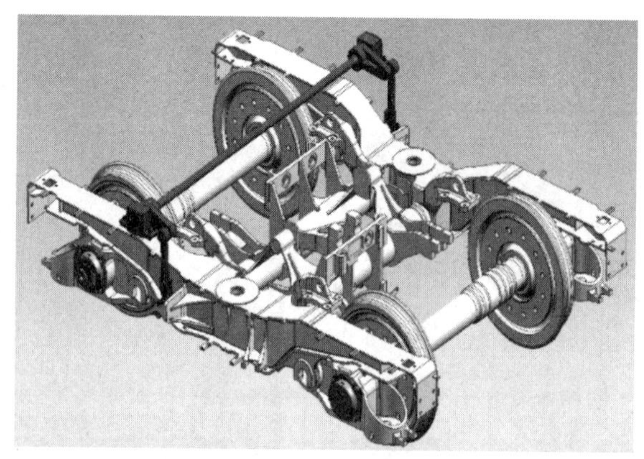

图 4–22　抗侧滚装置

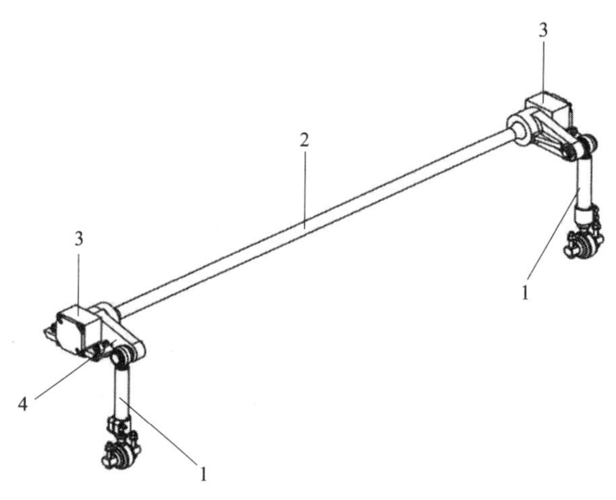


图 4–23　扭杆

1—垂向连杆　2—主扭杆　3—支撑座　4—扭臂

# 第五节　牵引连接装置与驱动装置

城市轨道交通车辆转向架普遍采用无摇枕结构。由于没有摇枕，车体直接坐落于空气弹簧上，必须靠牵引连接装置实现摇枕所具有的传递纵向力和转向功能。牵引连接装置为车体和转向架之间提供了合适的纵向刚度，减少牵引中心销牵引和制动时的冲击，使列车运行平稳。

## 一、中央牵引装置

中央牵引装置包括中央牵引销、牵引销座、复合弹簧、中央牵引梁、牵引拉杆等部件。牵引装置呈 Z 形，承担列车牵引力及制动力的同时，还承担横向力（通过侧挡），并通过中央牵引梁限制车体与转向架的垂向位移。中央牵引装置外形和结构如图 4–24、图 4–25 所示。

图 4–24 中央牵引装置外形（黑色部分）

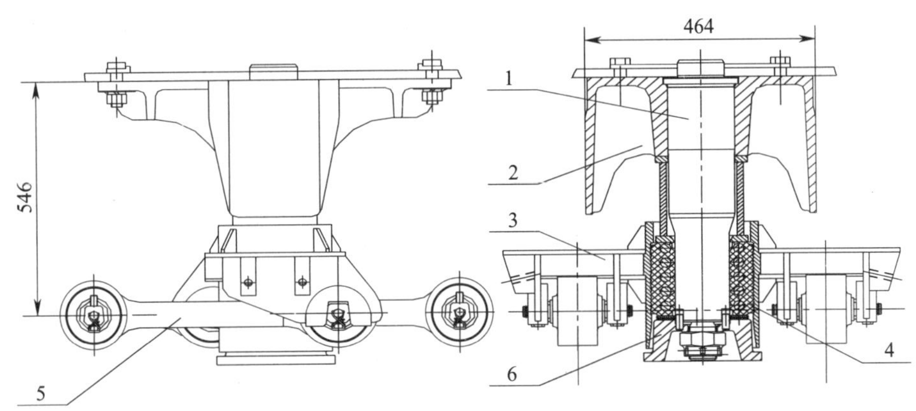


图 4–25 中央牵引装置结构

1—牵引销 2—牵引销座 3—牵引梁 4—复合弹簧 5—牵引拉杆 6—下压紧盖

## 二、牵引驱动装置

城市轨道交通车辆每个动车车轴上均装有一套驱动装置，包括电动机、联轴节、齿轮箱等。牵引电动机以弹性全悬挂的方式安装在转向架构架上，齿轮箱的一端支撑在车轴上，另一端由齿轮箱吊杆连到转向架构架上，牵引电动机和齿轮箱之间力的传递由联轴节来实现。驱动装置如图 4–26 所示。

### 1. 电动机

城市轨道交通车辆的动车转向架装有两台牵引电动机，每根车轴上各安装一台牵引电

图 4–26　驱动装置

动机，一般采用架悬式安装，能有效地减轻簧下质量。电动机一般为笼式三相异步交流电动机，功率 200 kW 左右。与直流电动机相比，交流电动机具有维护简单、故障率低、调速方便等优点。

**2. 联轴节**

联轴节的作用是把电动机的转矩传递给齿轮箱，从而驱动车轮运动。联轴节是由相互啮合的外圈和内圈组成，内圈通过过盈配合压紧在电动机输出轴或齿轮箱输出轴上。

**3. 齿轮箱**

齿轮箱一端悬挂在构架上，另一端安装在车轴上，主要起减速、传递并增大转矩的作用。牵引电动机的输出轴经弹性联轴节与齿轮箱的小齿轮相连接，大齿轮通过过盈配合安装于车轴上。

## 三、基础制动装置

车辆除了设有牵引电动机的电制动系统外，转向架还安装了摩擦制动系统。转向架的每个轮对均配有基础制动单元，采用轮盘制动。基础制动单元安装在转向架构架的侧梁上，该装置具有闸片间隙自动调整功能，使闸瓦与制动盘间隙始终保持在规定的范围内。

以广州地铁 9 号线车辆为例，每个转向架设有四个轮盘制动单元，其中两个带有储能制动器，成斜对角布置，制动单元吊挂在横梁上的制动器座上。

基础制动装置如图 4–27 所示，主要功能是实施常用制动或紧急制动，使车辆减速直到停止。储能制动器还可实施停车制动。

**1. 制动夹钳**

制动夹钳如图 4–28 所示，由安装座、制动臂、间隙调整器和弹簧施加制动缸（停放制动）组成。制动闸片安装在制动臂上，间隙调整器用于在闸片磨损后自动调节闸片与制动盘之间的距离，以保证安全的空走时间。

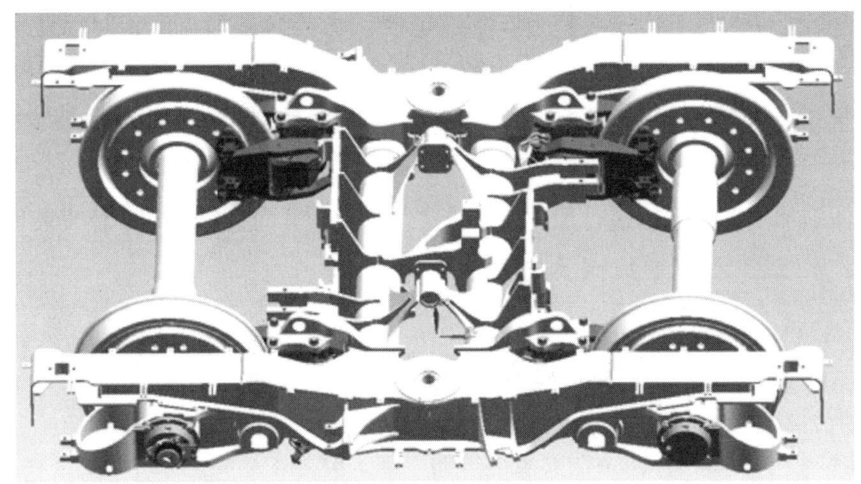

图 4–27 基础制动装置

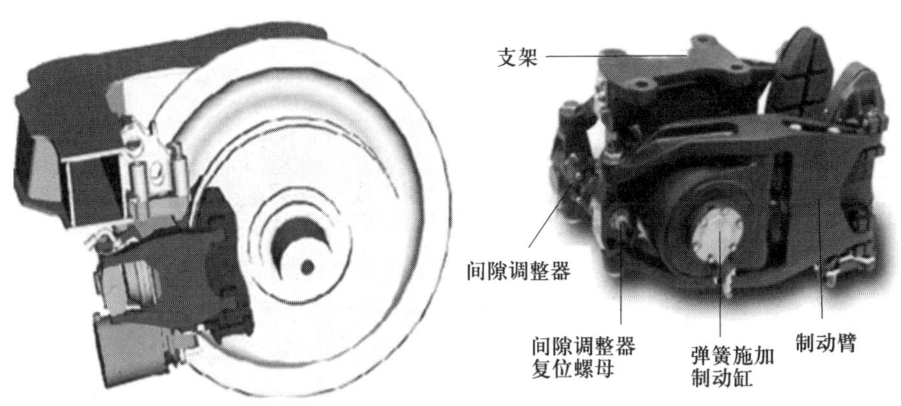


图 4–28 制动夹钳

**2. 闸片和制动盘**

制动盘通过螺栓连接在轮对上，车轮制动盘是各转向架制动装置的一部分。每个转向架装有八个车轮制动盘和四个制动钳单元。因此，每个车轮装有两个车轮制动盘，各装在车轮榫眼侧。与制动闸片摩擦后，车轮制动盘的制动温度升高，由旋转车轮通风作用所产生的气流对其进行冷却。

## 四、转向架力的传递过程

转向架主要承受垂向载荷（车体施加）、纵向载荷（牵引力和制动力）和横向力（车体侧向振动和轨道施加）。

1. 垂向载荷传递过程：车体→空气弹簧→紧急弹簧→构架→一系弹簧→轴箱→轮对→钢轨。

2. 纵向牵引力传递过程：牵引电动机→联轴节→齿轮箱→轮对→轴箱→一系弹

簧→构架→牵引拉杆→车体安装座→车体。电制动力传递过程与此相同，只是力的方向相反。

3. 气制动力的传递过程：轮对→轴箱→一系弹簧→构架→牵引拉杆→车体安装座→车体。

4. 车体施加横向力的传递过程：车体→空气弹簧→紧急弹簧（或车体安装座→横向止挡）→构架→一系弹簧→轴箱→轮对→钢轨。

## 第六节 常见城市轨道交通车辆转向架

广州地铁 9 号线车辆转向架按安装部件的不同，分为动车转向架 1、动车转向架 2、拖车转向架 1、拖车转向架 2 和拖车转向架 3 五种，如图 4–29、图 4–30、图 4–31 所示。五种转向架的比较见表 4–2。

图 4–29 动车转向架 1 和动车转向架 2

图 4–30 拖车转向架 1

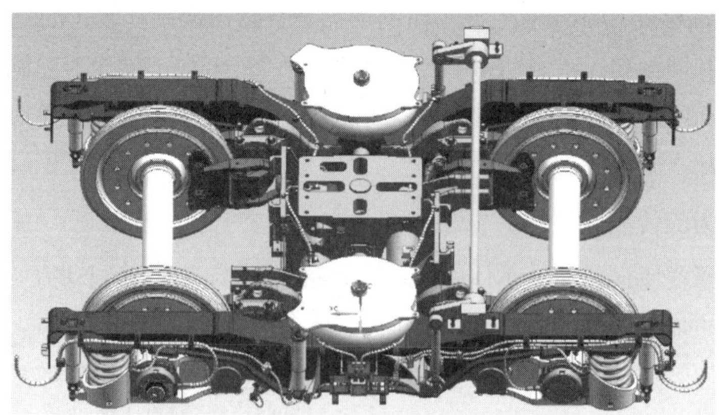

图 4–31 拖车转向架 2 和拖车转向架 3

表 4-2 五种转向架的比较

| 序号 | 部件 | 动车<br>转向架 1 | 动车<br>转向架 2 | 拖车<br>转向架 1 | 拖车<br>转向架 2 | 拖车<br>转向架 3 |
|---|---|---|---|---|---|---|
| 1 | 车轴 | 动车车轴 | 动车车轴 | 拖车车轴 | 拖车车轴 | 拖车车轴 |
| 2 | 驱动装置 | 有 | 有 | 无 | 无 | 无 |
| 3 | 轮缘润滑装置 | 无 | 无 | 1、3、5、7 列车有 | 无 | 无 |
| 4 | 走行部监测装置检测设备 | 轴箱、电动机 | 轴箱、电动机 | 轴箱 | 轴箱 | 轴箱 |
| 5 | 走行部监测装置分类 | 动车 1 走行部检测装置 | 动车 2 走行部检测装置 | 拖车 1 走行部检测装置 | 拖车 2 走行部检测装置 | 拖车 2 走行部检测装置 |
| 6 | 轴端接地 EK | 每轴 | 每轴 | Tc1/Tc2 第 1 轴 | Tc2 第 4 轴 | Tc1 第 4 轴 |
| 7 | 信号速度传感器 ATC | 无 | 无 | Tc1/Tc2 第 2 轴 | Tc2 第 3 轴 | Tc1 第 3 轴 |
| 8 | 制动单通道速度传感器 GL | 每轴 | 每轴 | Tc1/Tc2 第 1 轴 | Tc2 第 3、4 轴 | Tc1 第 4 轴 |
| 9 | 制动双通道速度传感器 GL* | 无 | 无 | Tc1/Tc2 第 2 轴 | 无 | Tc1 第 3 轴 |
| 10 | TI 天线和接近传感器天线 | 无 | 无 | 有 | 无 | 无 |

广州地铁 3 号线采用 ZMA120 型转向架，这是 120 km/h 速度等级的 B 型车地铁转向架。ZMA120 型 B 型车转向架共有六种：动车转向架 1、动车转向架 2、动车转向架 3、动车转向架 4、拖车转向架 1、拖车转向架 2。其中，动车转向架 1 和动车转向架 2 布置在 A 型车（带司机室的动车）底部，动车转向架 3 和动车转向架 4 布置在 C 型车（不带司机室的动车）底部，拖车转向架 1、拖车转向架 2 布置在 B 型车底部。

## 一、动车转向架

动车转向架 1 和动车转向架 2 之间的区别是动车转向架 1 安装有轮缘润滑装置，动车转向架 2、动车转向架 3、动车转向架 4 机械结构完全一样，区别在于布线编号不同。动车转向架机械组成如图 4-32 所示。

动车转向架上可以安装轮缘润滑装置（见图 4-33）。该装置主要包括电控箱、油箱组件、电磁阀、喷嘴、分配器等元件。轮缘润滑装置有利于减少车轮轮缘及轨道磨耗，降低曲线运行时的轮轨噪声。

## 二、拖车转向架

拖车转向架 1 和拖车转向架 2 之间的区别在于拖车转向架 1 还装有 ATC 天线，轴箱转速计及相关电气连接的布线不同。拖车转向架机械组成如图 4-34 所示。

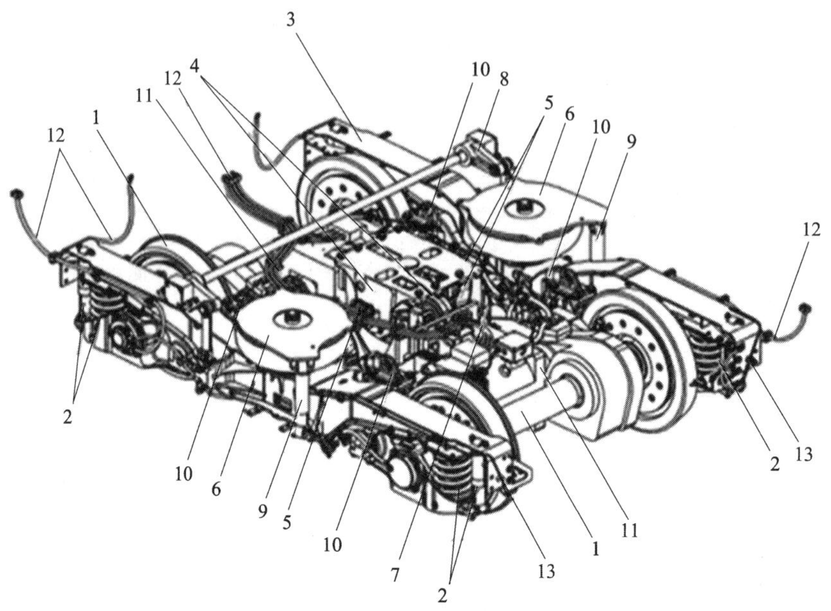


图 4-32　动车转向架机械组成

1—轮对　2—一系悬挂装置　3—构架　4—牵引装置　5—横向悬挂装置　6—二系悬挂装置　7—高度阀连杆　8—抗侧滚扭力杆　9—二系垂向减振器　10—制动装置　11—驱动单元安装座　12—转向架布线　13—轮缘润滑装置

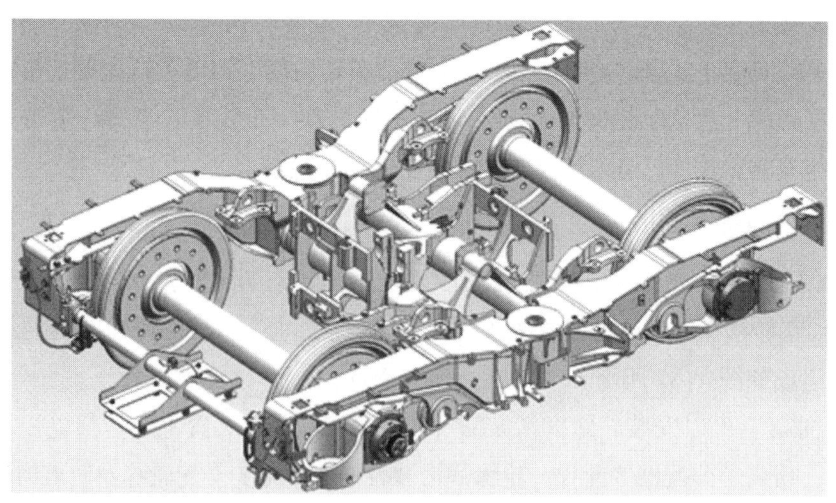

图 4-33　轮缘润滑装置在转向架上的安装（黑色部分）

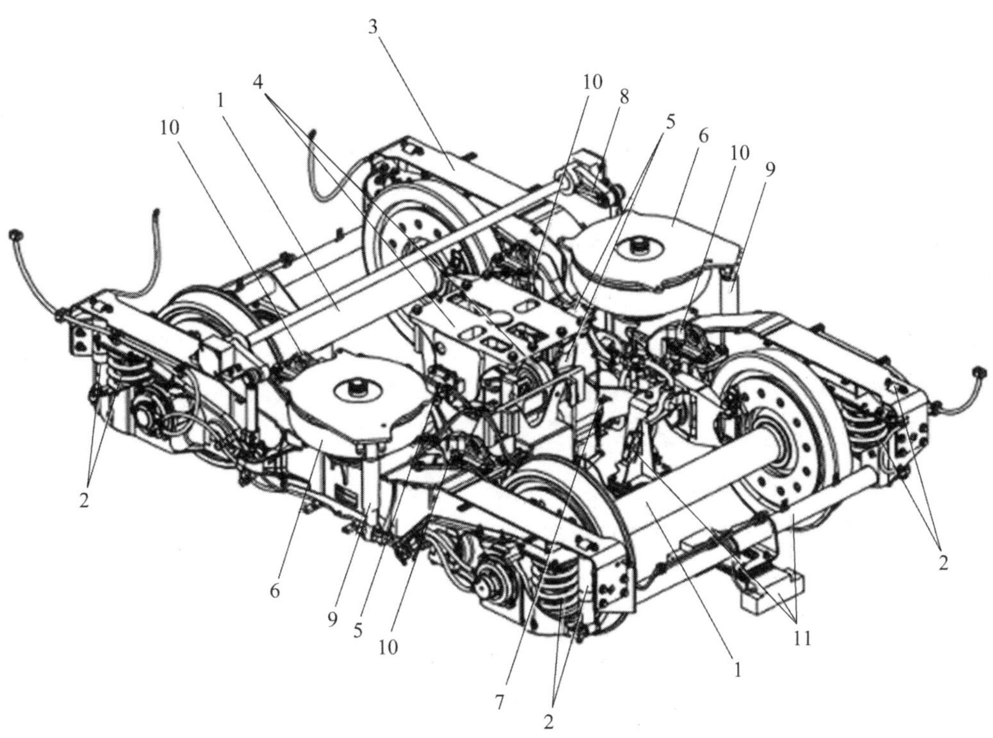


图 4-34 拖车转向架机械组成

1—轮对 2—一系悬挂装置 3—构架 4—牵引装置 5—横向悬挂装置 6—二系悬挂装置 7—高度阀连杆 8—抗侧滚扭力杆 9—二系垂向减振器 10—制动装置 11—天线安装座

## 思考与练习

1. 转向架的主要功能有哪些？
2. 转向架由哪几部分组成？各部分的作用是什么？
3. 一系悬挂装置和二系悬挂装置各有什么特点？
4. 高度阀的工作原理是什么？
5. 转向架力的传递过程是怎样的？

# 第五章　车辆连接装置

## 学习目标：

- ◆ 掌握车辆连接装置各组成部分的名称及作用。
- ◆ 掌握车钩缓冲装置的分类及用途。
- ◆ 了解车钩缓冲装置的结构。
- ◆ 了解常见缓冲器的结构及作用原理。
- ◆ 了解贯通道的结构。

车辆连接装置主要由车钩缓冲装置和贯通道装置两部分组成，它们使车辆相互连接，实现相邻车辆之间纵向力的传递和通道的连接。

车钩缓冲装置安装于车体底架的两端，用来连接车辆成列，使车辆间保持一定距离，并连接车辆间的电路和气路。在列车运行时，车钩缓冲装置可以传递车辆间的牵引力、制动力，同时缓和及衰减车辆间的冲击力。

车钩缓冲装置包括车钩和缓冲装置两部分，车钩用以实现牵引连挂，缓冲装置用以缓冲牵引连挂时产生的冲击和振动。

## 第一节　车　　钩

### 一、车钩的分类

按照两车钩连接后在垂直方向能否彼此发生相对位移，车钩可分为非刚性车钩（见图 5-1）和刚性车钩（见图 5-2）。

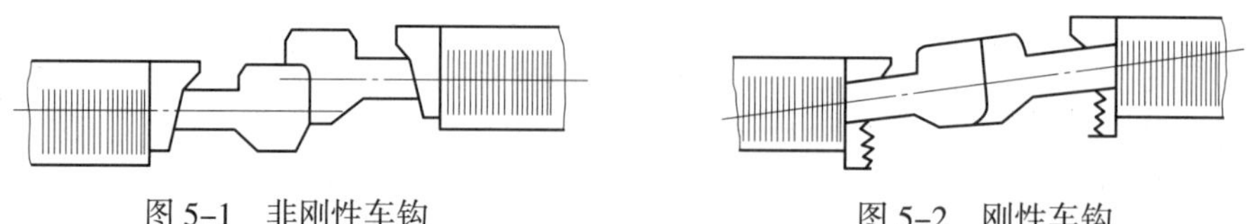

图 5-1　非刚性车钩　　图 5-2　刚性车钩

**1. 非刚性车钩**

非刚性车钩允许两个相连接的车钩钩体在垂直方向上有相对位移。当两个车钩连挂后的纵向中心线存在高度差时，两个车钩呈阶梯形状，并且各自保持水平位置。由于钩体的尾端相当于铰接，这就保证了车钩在水平面内可以产生角位移。非刚性车钩较普遍地应用于一般铁路客车、货车上。

**2. 刚性车钩**

刚性车钩不允许两连挂车钩存在相对位移，而且对前后的间隙要求限制在很小的范围之内。如果在车体连挂之前两车钩的纵向轴线高度已有偏差，那么在连挂后，两车钩的轴线处在同一条直线上并呈倾斜状态。两车钩钩体的尾端具有完全的铰接，这能够保证两连挂车体之间可以具有相对的水平和垂向角位移。

刚性车钩也称为密接式车钩，城市轨道交通车辆一般均采用刚性车钩。按照牵引连挂装置的连接方式不同，刚性车钩可分为全自动车钩、半自动车钩和半永久牵引杆三种，它们在列车上的安装位置如图 5–3 所示。

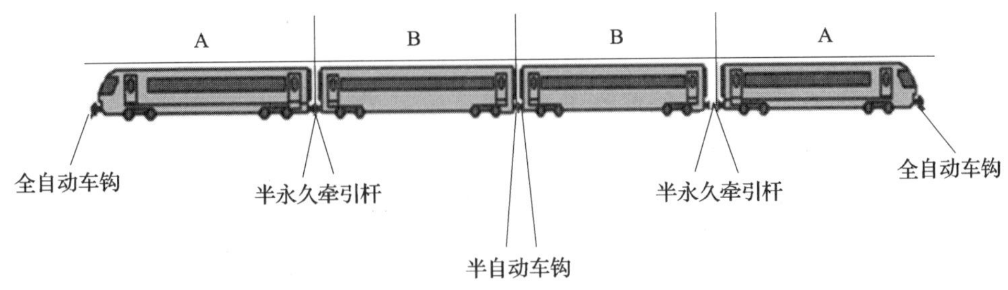


图 5–3 刚性车钩在列车上的安装位置

## 二、全自动车钩

全自动车钩位于编组列车端部，其电气和气路连接装置都组装在钩头上。当车辆连挂时，车钩的机械、气路、电气系统都能自动连接。解钩时，可在司机室控制自动解钩或采用手动解钩。解钩后，车钩即处于待挂状态，电气连接器通过盖板自动关闭，防止水和尘土进入，主气管连接器也自动关闭，防止压缩空气泄漏。

广州地铁 3 号线车辆采用的是 330 型全自动车钩，其外观如图 5–4 所示。

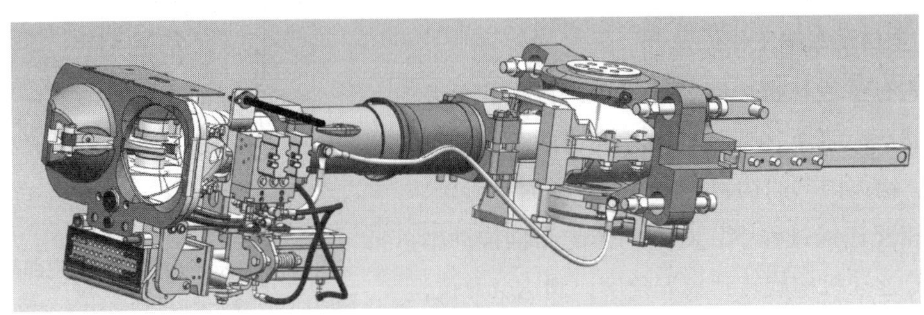

图 5–4 330 型全自动车钩外观

### 1. 全自动车钩结构

全自动车钩主要由机械钩头、橡胶缓冲器、气管连接器、电气连接器和气动解钩系统等几部分组成，缓冲器位于钩头的后部。330 型全自动车钩结构如图 5-5 所示。车辆连挂时，依靠两车钩相邻钩头前端的凸凹锥精确地对中，实现两车钩的紧密连接，同时自动将两车之间的电气线路和空气通路接通。解钩时，可由司机控制解钩电磁阀自动解钩，也可人工操作实现手动解钩。

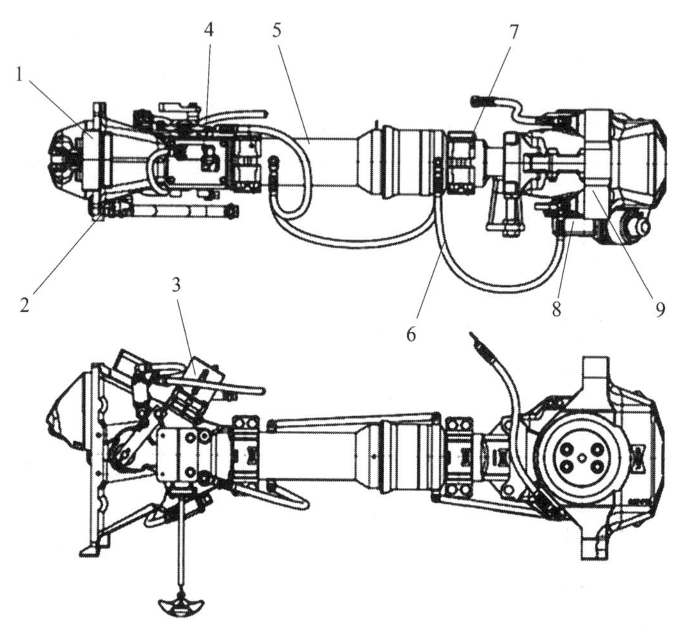


图 5-5　330 型全自动车钩结构

1—机械钩头　2—气管接头　3—解钩气缸　4—电气装置　5—可压溃变形管
6—接地系统　7—卡环连接件　8—对中装置　9—橡胶垫牵引装置

330 型全自动车钩内部的连挂机构有钩舌、连挂杆、回复弹簧、解钩手柄和解钩气缸等，内部结构图如图 5-6 所示。

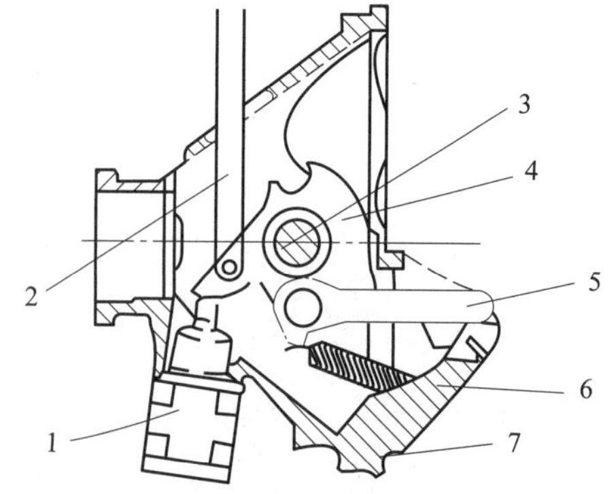


图 5-6　330 型全自动车钩内部结构

1 —解钩气缸　2—解钩手柄　3—中心销　4—钩舌
5—连挂杆　6—回复弹簧　7—钩体

### 2. 全自动车钩工作原理

车钩有待连挂位（同时也是锁定位）和全开位两种状态。当车钩要连挂时，通过两车钩的相互撞击，钩体内部的钩舌等机构发生顺时针旋转，在两钩相互连挂过程中，对方钩体的凸锥推动本钩钩舌等连挂机构旋转到最大角度，到达全开位，然后在回复弹簧的作用下迅速回复到锁定位，到达完全连挂后车钩连挂机构的位置状态。

在解钩时，司机按动解钩按钮给解钩气缸充气，或人工扳动解钩手柄，使钩体内部的钩舌及其他机构旋转到最大角度，到达全开位，此时两车钩可以正常分离，然后解钩气缸排气或释放解钩手柄，在回复弹簧力的作用下，钩舌等其他内部机构回复到待连挂位。

全自动车钩工作状态如图 5–7 所示。

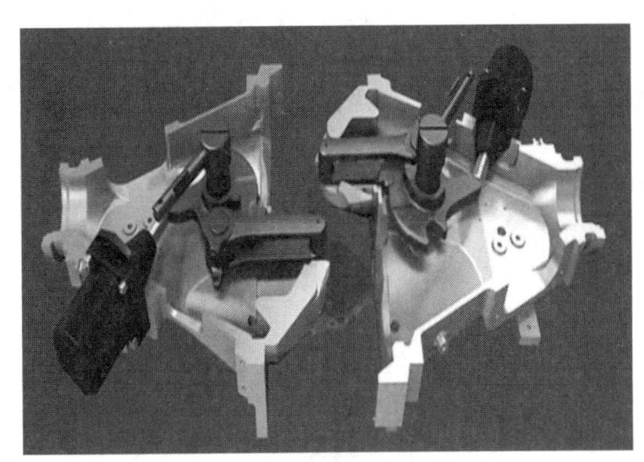

a）

b）

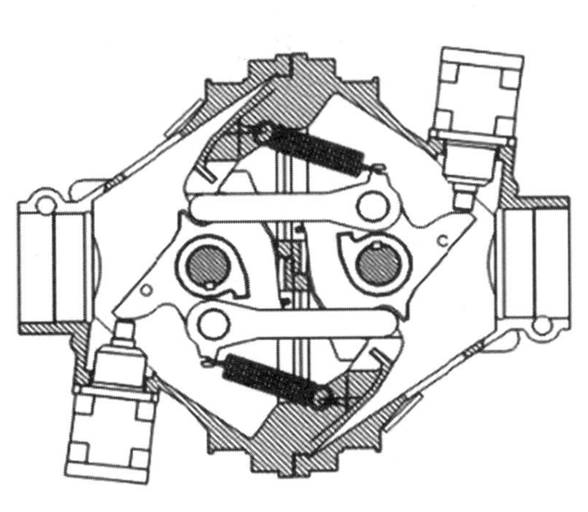

c）

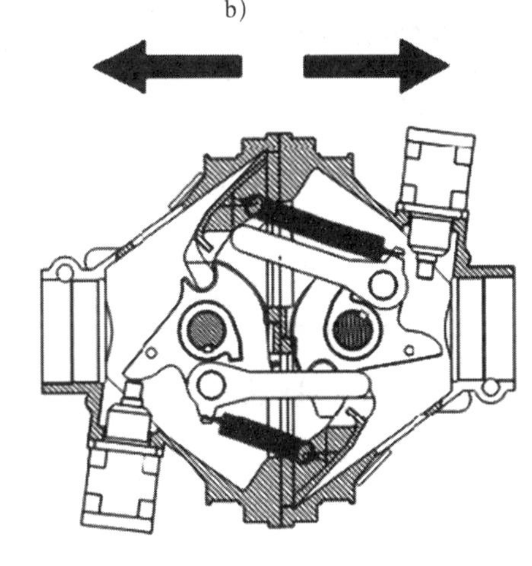

d）

图 5–7　全自动车钩工作状态

a）即将连挂时　b）完成连挂时　c）已连挂的位置状态　d）解钩时位置状态

## 三、半自动车钩

半自动车钩用于两编组单元之间的车辆连挂。通常半自动车钩的钩头连接形式与自动车钩相同，连挂方式和锁闭方式也相同。两个相同的车钩可以在直线线路和曲线线路上自动连挂。半自动车钩可以实现列车单元之间的机械系统和气管系统自动连接，电气系统则只能手动连接。解钩时，机械和气路部分可自动解钩，也可手动操作解钩，但不能在司机室集中控制。半自动车钩上设有贯通道支撑座，用于在车辆运行过程和解钩之后支撑贯通道，可以承受贯通道及所承受的载荷。半自动车钩结构如图 5-8 所示。

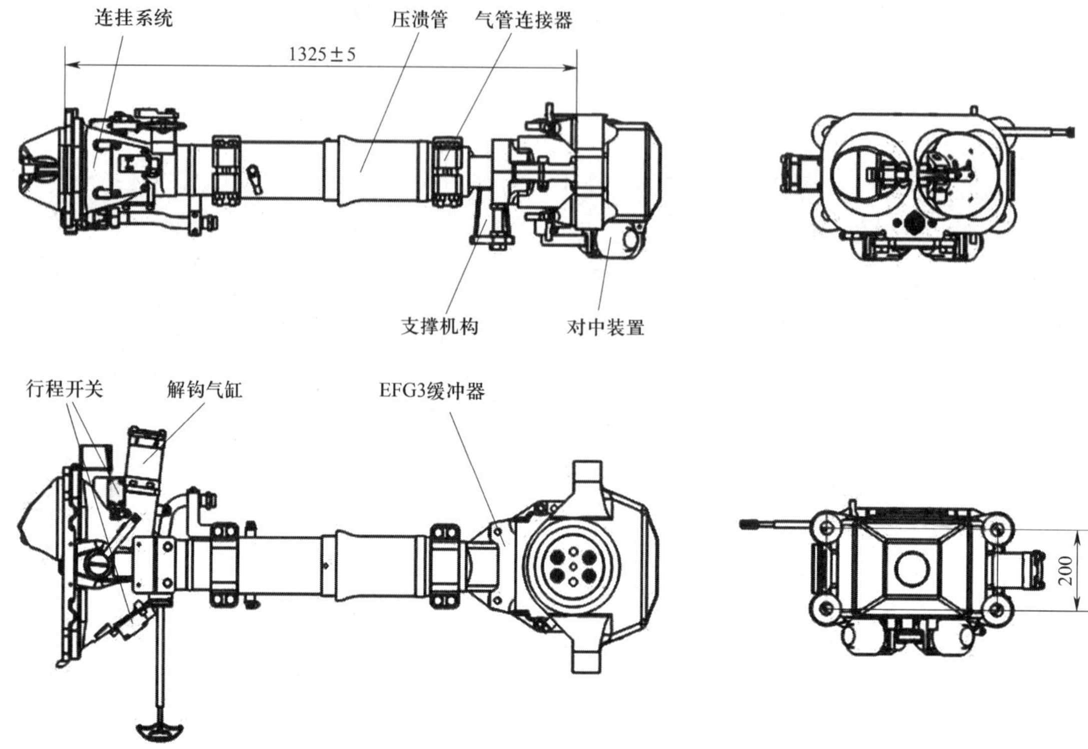


图 5-8　半自动车钩结构

半自动车钩通过一套反馈组成指示车钩间是否连挂。反馈组成主要包括机械部分和行程开关两部分，通过感知本侧车钩的钩舌及对方车钩连挂杆的位置，判定两侧车钩是否完全连挂到位。半自动车钩连挂状态指示如图 5-9 所示。

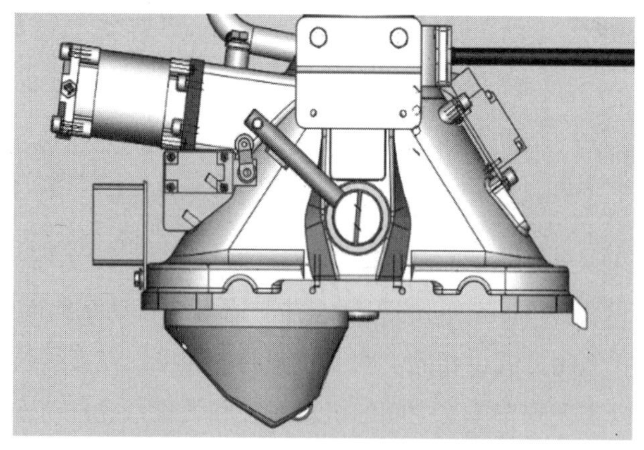

图 5-9　半自动车钩连挂状态指示

## 四、半永久牵引杆

半永久牵引杆用于同一单元内车辆之间的连挂，使之编组成单元。列车单元在运行过程中一般不需要分解，通常只在维修时才分解。当两车连挂时即形成刚性连接，其连接间隙最小，垂向运动和转动也很小。这样的连接形式可以防止车辆重叠和颠覆，减少列车启动及制动时的冲击。半永久牵引杆的连挂和解编都需要人工完成。

半永久牵引杆分为中间带压溃管的半永久牵引杆和中间无压溃管的半永久牵引杆，这两种半永久牵引杆在列车内部各个断面成对使用。半永久牵引杆与车体结构的接口各通过四个安装螺栓连接。

### 1. 中间带压溃管的半永久牵引杆

中间带压溃管的半永久牵引杆（见图 5-10）由加长杆、压溃管、EFG3 缓冲器、支撑机构和气管连接器几部分组成。其中，压溃管、EFG3 缓冲器和支撑机构与全自动车钩相同，因无须对中，所以没有对中机构。

车钩的头部为加长杆，集成了直通式的气管连接器（见图 5-11），可以在连接车钩缓冲装置的同时完成列车内部气管连接器连接。气管通过连接器后部的截断塞门人工控制通断。

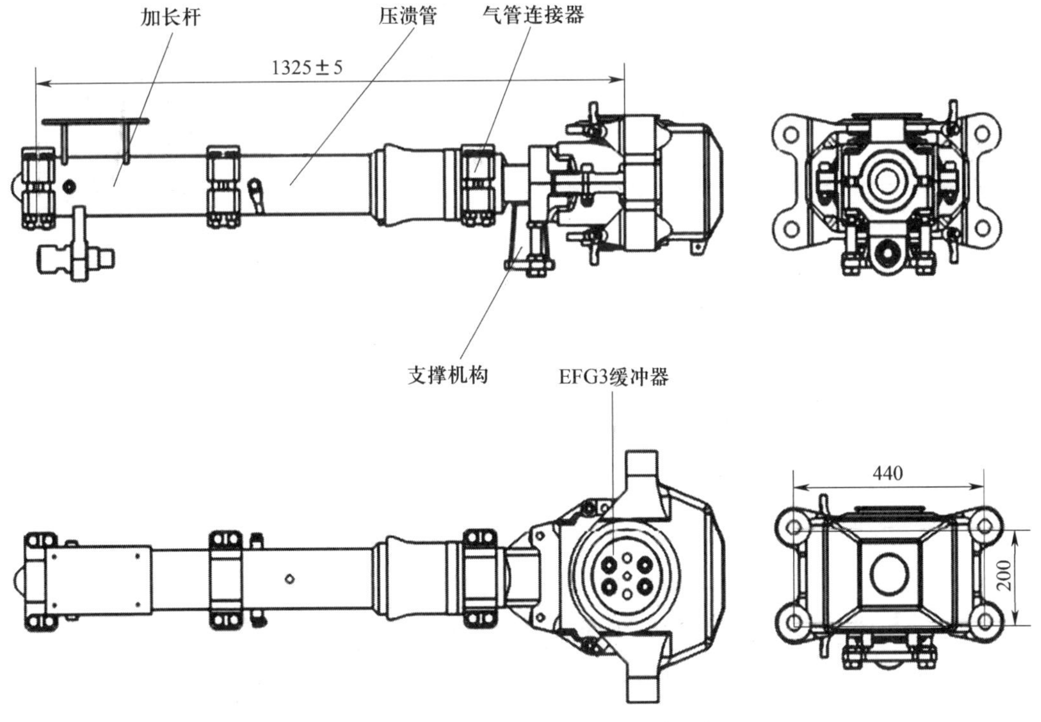


图 5-10　中间带压溃管的半永久牵引杆

### 2. 中间无压溃管的半永久牵引杆

中间无压溃管的半永久牵引杆（见图 5-12）与中间带压溃管的半永久牵引杆结构类似，通过对整车进行仿真计算，确定不需要压溃管，而用刚性杆替代。中间无压溃管的半永久牵引杆由刚性杆、EFG3 缓冲器、支撑机构和气管连接器几部分组成。

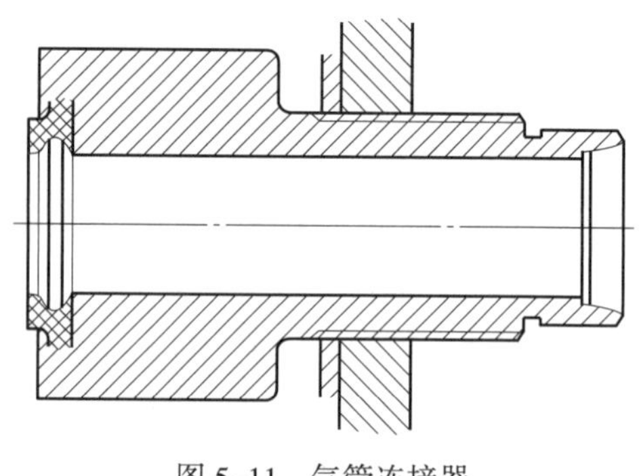

图 5-11　气管连接器

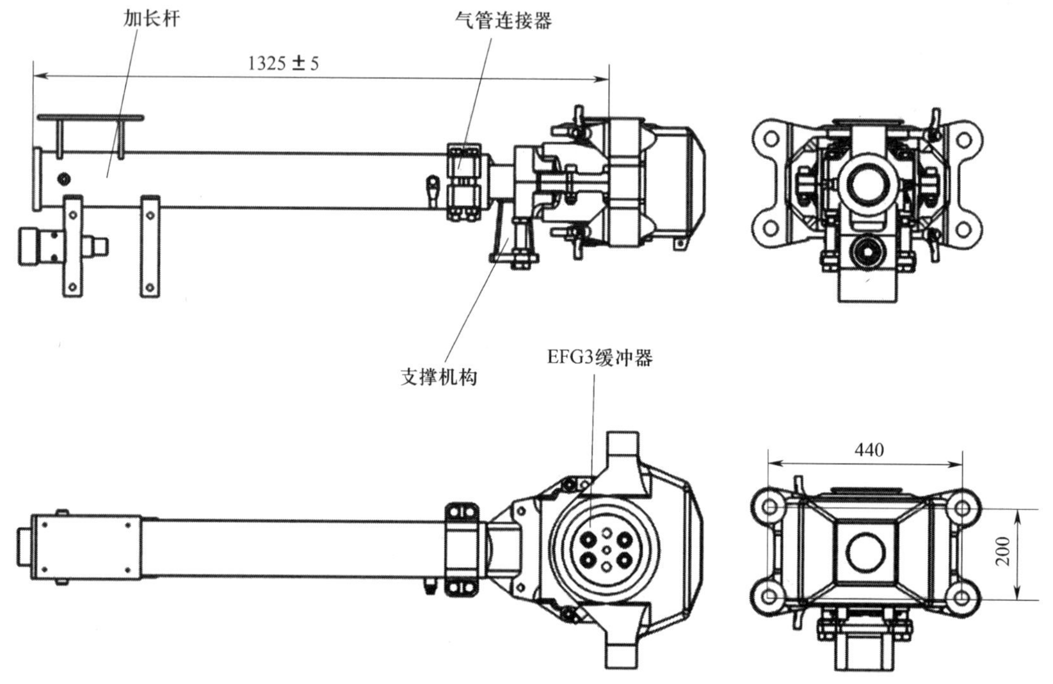


图 5-12　中间无压溃管的半永久牵引杆

## 第二节　缓 冲 装 置

### 一、车钩能量缓冲装置

缓冲装置是车钩连挂装置的重要组成部分，主要用来缓和纵向冲击力。城市轨道交通车辆车钩的能量缓冲装置主要有橡胶缓冲装置、压溃管、过载保护装置等。

EFG3 缓冲器（见图 5-13）内部安装有六个橡胶块，在车辆运行过程中拉压纵向力作用下，依靠剪切橡胶，使之发生剪切变形来吸收能量。EFG3 缓冲器在结构上与安装回转机构融为一体，具有弹性缓冲、水平对中、垂直支撑和回转等功能，其结构紧凑，适于与压溃管配合使用。

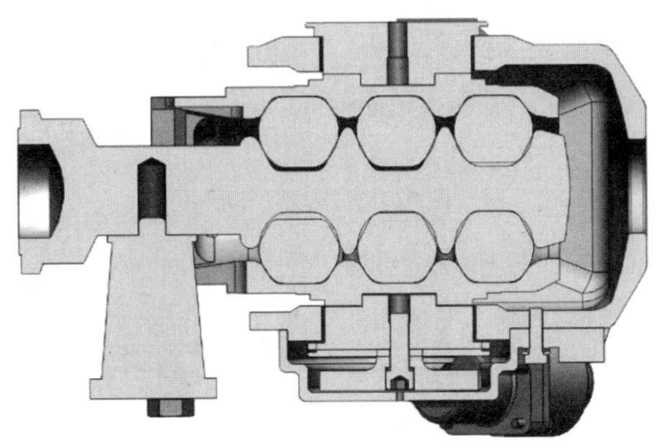

图 5-13　EFG3 缓冲器

**1. 橡胶缓冲装置**

橡胶缓冲装置属于可复原的能量吸收部件，吸收第一级能量。牵引和缓冲载荷由刚性安装在单元内的橡胶缓冲垫进行缓冲，把超出吸收范围的能量传递给车辆底架。橡胶缓冲装置不仅可缓和冲击作用力，而且可以吸收冲击能量，提高车辆运行平稳性，如图 5-14 所示。

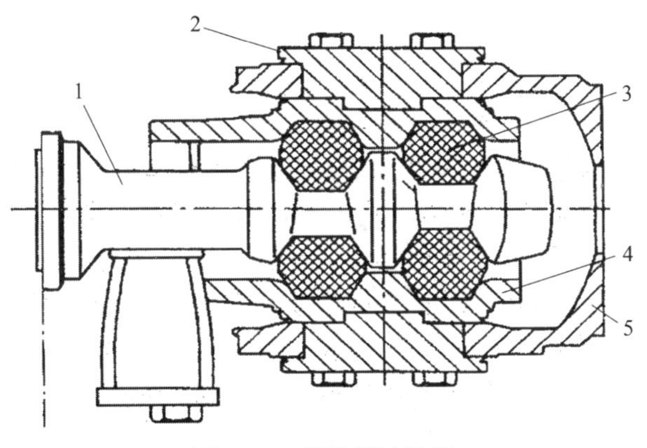


图 5-14　橡胶缓冲装置

1—牵引杆　2—安装座　3—环形橡胶　4—缓冲器体　5—支撑座

**2. 压溃管**

为满足冲击速度 15 km/h 时的能量吸收要求，头车全自动车钩变形吸能装置采用 150 mm 膨胀式压溃管，其外形如图 5-15 所示。列车在运行或连挂过程中，车钩缓冲装置受到的纵向压载荷大于设定值时，压溃管开始发生作用，吸收冲击能量，达到保护人身和车辆设备安全的目的。压溃管能量吸收情况如图 5-16 所示。

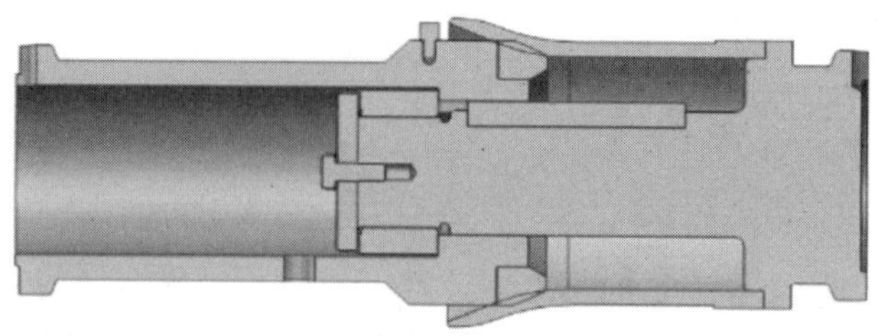

图 5-15　压溃管外形

车钩缓冲装置在牵引工况时，牵引力会通过压溃管内部的刚性连接进行传递，变形元件不会受到影响。当车钩缓冲装置受到的压载荷超过压溃管触发力时，压溃管膨胀元件按照设计的变形模式，开始产生屈服，以稳定的最大动态阻抗力发生塑性变形，最大限度吸收冲击能量。

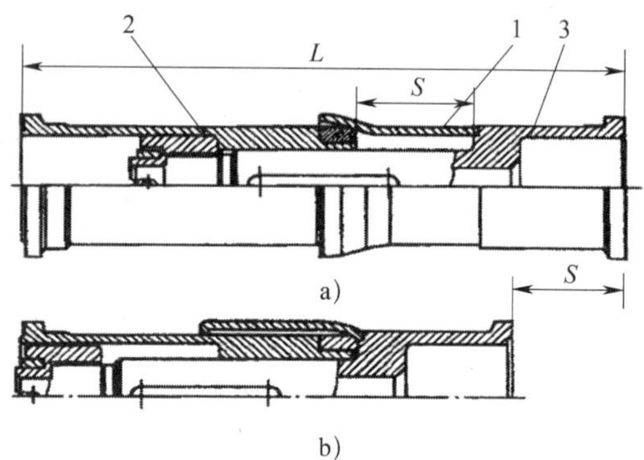


图 5-16　压溃管能量吸收情况

a）未变形的状态　b）已压溃后的状态

1—压溃管　2、3—可压溃筒体

车钩缓冲装置压载荷低于压溃管触发力时，压溃管吸能元件不发生动作，所有的冲击能量将由安装吊挂缓冲系统中的缓冲器吸收。

### 3. 过载保护装置

过载保护装置用于列车在超速连挂或者受到强烈冲击时，使车钩脱离车体向后回退，确保车体上的防爬器能够相互咬合。当车钩缓冲装置受到的冲击载荷大于拉断螺栓设计的触发力时，拉断螺栓（见图 5-17）会发生破坏断裂，导致车钩安装座与车钩安装板分离，车钩沿退出导轨往后移动，使车体前端防爬器接触参与能量吸收，从而保护车钩安装部位的车体。

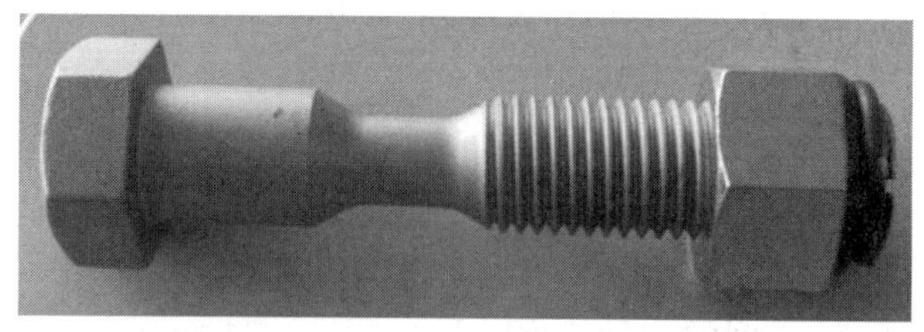

图 5-17　过载保护装置元件（拉断螺栓）

## 二、车钩机械能吸收

一列空载列车以 8 km/h 速度与另一列处于停放制动状态的空载列车碰撞时，车钩系统能完全吸收冲击能量，无任何部件损坏。

一列空载列车以 8~15 km/h 的速度与另一列处于停放制动状态的空载列车碰撞时，车钩及缓冲器系统能有效地吸收其碰撞能量，除压溃管外，车体及车钩其他部件均无损坏。

一列空载列车以大于 15 km/h 的速度与另一列处于停放制动状态的空载列车碰撞时，前端全自动车钩将过载退出，车体吸能区将参与变形吸能。

车钩机械能吸收如图 5-18 所示。

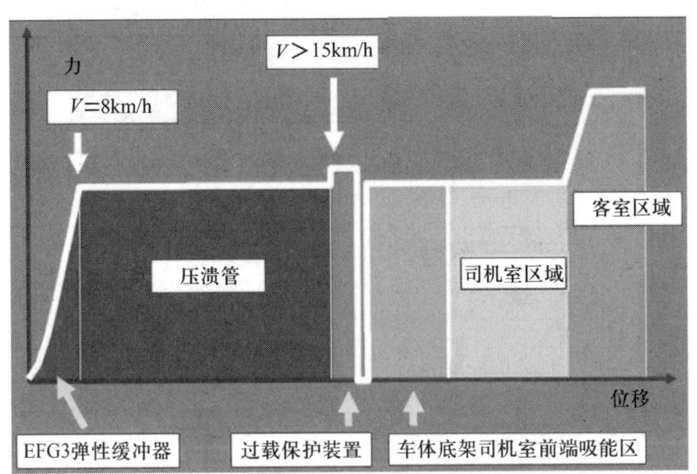


图 5-18　车钩机械能吸收

## 第三节　附属装置

车钩连接装置的附属装置包括气管连接器、电气连接器、对中装置和安装吊挂系统。

### 一、气管连接器

头车连挂系统钩体上装有气管连接器（见图 5-19），可以在列车连挂时自动连接列车管路，在列车分解时自动关断管路。空气管路连接口凸出于钩面约 8 mm，在连挂时，钩头前端的气管连接器的顶杆也同时接触并相互挤压，主气管连接器的压力阀打开。

### 二、电气连接器

头车全自动车钩装置采用了电气连接器（见图 5-20），电气连接器通过推送机构安装在机械车钩的下方。电气连接器结构如图 5-21 所示。

当车钩处于待连挂状态时，电气连接器在推送气缸的作用下处于回缩状态，防雨盖正常关闭。

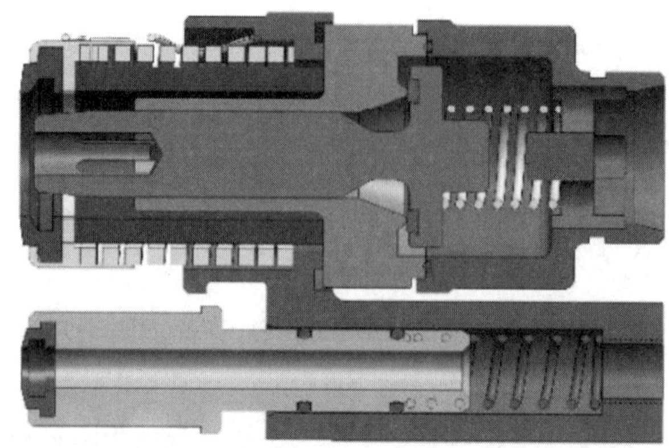

图 5-19 气管连接器

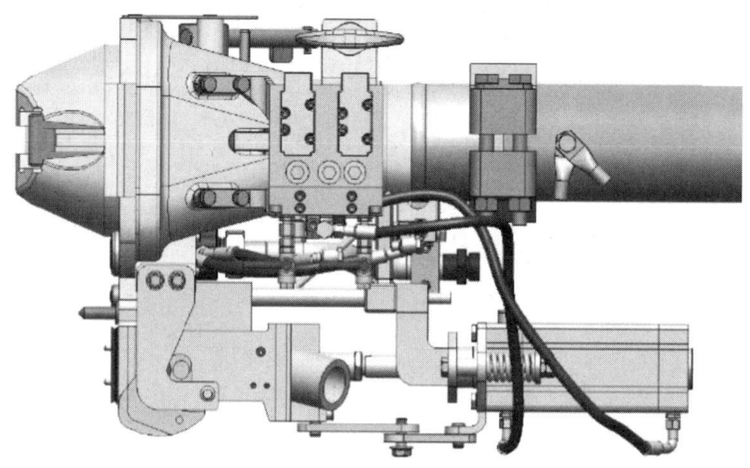

图 5-20 电气连接器

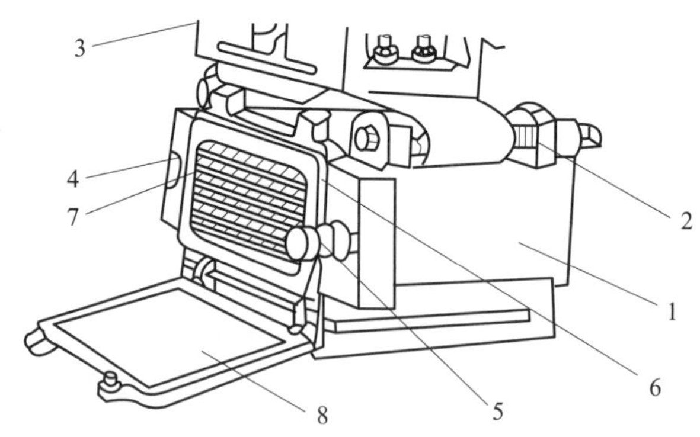


图 5-21 电气连接器结构

1—箱体 2—悬吊装置 3—车钩 4—定位孔 5—定位销 6—密封条 7—触点 8—防雨盖

当车钩连挂时，首先完成机械车钩的连挂，然后触发电气连接器的连挂，气缸将电气连接器向前推出，同时防雨盖打开，电气连接器连挂面紧靠在一起实现连挂。

当车钩分解时，首先进行电气连接器的分解，电气连接器在气缸的作用下回退，同时防雨盖关闭，然后进行机械车钩的分解。

## 三、对中装置

对中装置（见图 5-22）安装在缓冲装置下方，可以在弹簧力作用下对回转轴施加对中回复力，为整个车钩缓冲装置提供一定范围内的水平对中力矩，保证整个车钩缓冲装置在待连挂状态下处于纵向中心线上，便于连挂。

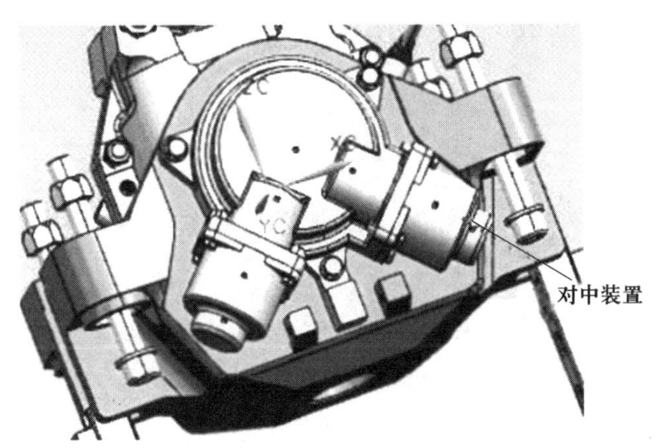


图 5-22 对中装置

一旦车钩缓冲装置发生了水平摆动，两个对称的碟簧筒中的碟簧活塞就会推动凸轮板，产生一个回复力矩。专门设计的对中用凸轮板外形可以保证使对中装置在角度较小时也具有足够的对中力。当对中滚轮的两侧与凸轮板接触时，对中滚轮两侧受力相同、方向相反，此时使车钩缓冲装置保持在纵向中心线上；一旦车钩缓冲装置离开纵向中心线位置，滚轮与凸轮板就变成了单侧接触，会产生较大的力矩迫使车钩缓冲装置向纵向中心线回复。这种对中方式在车钩缓冲装置水平旋转 ±15° 范围之内有较大对中力矩，超过 ±15° 时对中力矩消失，但是车钩缓冲装置可以继续旋转到大于 ±25° 的范围。

## 四、安装吊挂系统

安装吊挂系统的作用是为整个车钩缓冲装置提供安装和支撑，保证列车通过所有曲线线路所需的各个方向自由度，保证整套装置在不连挂状态时保持水平，车钩中心线与车辆中心线重合，以便于连挂。车钩通过该装置可以方便地调整车钩中心线的高度。

## 第四节 贯通道装置

贯通道装置（见图 5–23）也称风挡装置，位于两节车厢的连接处，是两车辆通道连接的部分。其结构简单、运行可靠，具有安全、舒适、低噪、防漏、防尘、耐候性强、寿命较长等优点，适应车辆在地下、地面和高架线路上运行，满足运行环境中存在有风、雨、雪、冰雹、沙尘、雾霾等恶劣气候条件的要求。贯通道装置分为整体式和分体式，广州地铁 9 号线车辆采用的是分体式。

图 5–23 贯通道装置

### 一、贯通道结构

以广州地铁 9 号线车辆为例，贯通道主要由双层折棚总成、连接框总成、顶板总成、踏板总成、毛刷总成、侧护板总成等主要零部件构成，如图 5–24 所示。

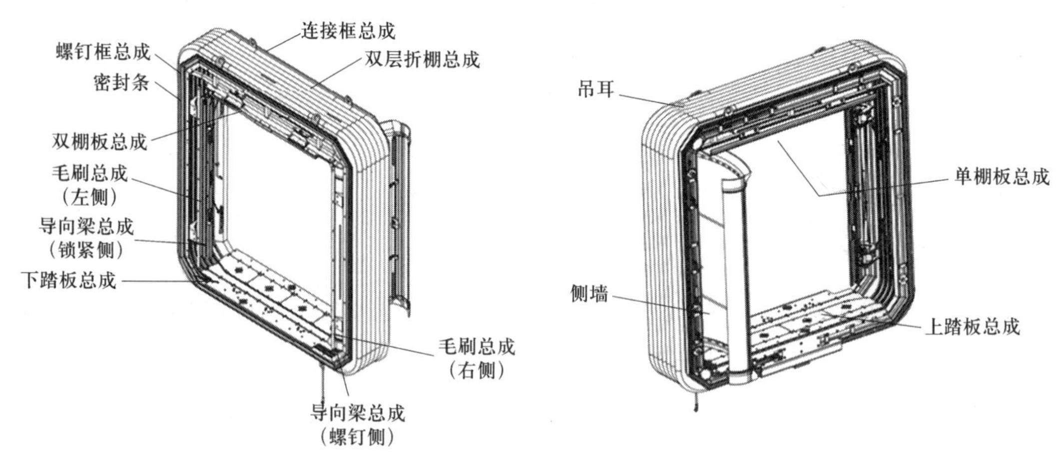


图 5–24 贯通道结构

### 1. 双层折棚总成

双层折棚总成包括棚布总成、上踏板总成（连接框侧）、单双棚板总成、导向梁总成（螺钉侧）、导向梁总长（锁紧侧）、上下限位绳总成、延伸器、各种小部件等。

棚布总成由柔性的棚布材料构成，其波形的开口向内。棚布由一种特殊材料制成，棚布波形通过可夹制的铝型材彼此相连。螺钉框由铝合金型材焊接喷涂而成，并通过螺钉将双层折棚总成安装在车体上。螺钉框两侧垂向上各焊接两个侧墙安装座。螺钉框顶部焊接有悬挂顶板的横梁。

### 2. 连接框总成

连接框由焊接的铝合金型材喷涂而成，连接框上组装有一个锁闭单元，用于将两个贯通道连接起来。锁闭单元通过锁闭手柄进行操作。

### 3. 顶板总成

顶板包括单棚板与双棚板，其形状满足车端之间相互位移的要求。单棚板通过铰链固定到连接框横梁上，双棚板通过铰链固定到螺钉框横梁上。组装完成后，单棚板插接在双棚板之间。

这种结构的优点在于连挂、解编贯通道时不需要拆卸顶板，同时满足车体间的相互运动要求。顶板的高度可以通过双棚板上的调节螺钉调节。

### 4. 踏板总成

踏板总成由上踏板总成和下踏板总成组成。踏板安装好后，上踏板搭接在下踏板不锈钢板上，基于这种结构，踏板间可以相对移动，抵消了高度位移和侧滚运动，保障乘客平稳地通过过道。

### 5. 毛刷总成

毛刷总成作为缝隙保护装置安装在螺钉框一侧的车端面上。

### 6. 侧护板总成

侧护板总成由两个绕着垂轴旋转的卷轴体组成，卷轴体通过拱状的柔性侧护板连接在一起。侧护板的转轴体通过锁紧装置分别各自固定在导向梁上。所有侧护板组成的安装、旋转、轴承部分都是不可见的，乘客也接触不到。

## 二、渡板结构

渡板结构如图 5-25 所示，在紧固框架和连接框架一侧各有一组渡板，在紧固框架一侧的渡板 1 靠托架支撑，而在连接框架一侧的渡板 2 一端通过安全支撑座与支撑金属板相连接，另一端支撑在渡板 1 上。渡板 1 由车厢侧相互铰接的固定连接板和活动连接板组成，渡板 2 由地板、活动地板和镶边组成。地板为不锈钢板，活动地板为花纹不锈钢板，各相对滑动面间设有磨耗板。渡板能够适应连挂车辆运行过程中的各种复杂运动，具有足够的强度与刚度，能够确保乘客安全通过，并为站立的乘客提供安全位置。渡板能承受 9 人 /m² 的压力负荷，表面无凸起物及障碍物。

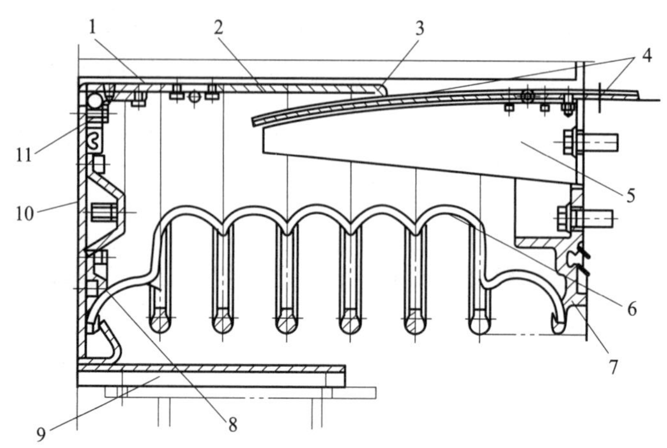


图 5-25　渡板结构

1—地板　2—活动地板　3—镶边　4—固定连接板和活动连接板　5—托架　6—衬油毡纤维织物　7—旋紧架　8—连接架　9—活动支架　10—支撑金属板　11—安全支撑座

## 思考与练习

1. 车钩缓冲装置主要由哪几部分组成？各有什么作用？
2. 全自动车钩、半自动车钩和半永久牵引杆的安装位置及各自的特点是什么？
3. 车钩是如何吸收机械能的？
4. 贯通道装置的用途是什么？

# 第六章　电力牵引系统

## 学习目标：

- ◆ 了解城市轨道交通车辆电力牵引系统的发展与分类。
- ◆ 掌握城市轨道交通车辆电力牵引系统的组成及特点。
- ◆ 掌握城市轨道交通车辆电力牵引系统的工作原理。
- ◆ 掌握城市轨道交通车辆电力牵引系统的结构。
- ◆ 了解城市轨道交通车辆辅助电源系统。

电力牵引系统是城市轨道交通车辆的动力来源，能将电能通过传输和变换后，提供给电动车组的牵引电动机，转换成机械能并驱使列车运行。牵引设备一旦发生故障，轻则造成列车失去部分牵引动力，导致控制不平稳、停车不准、晚点等；重则造成全列车完全丧失牵引力，对城市轨道交通运营秩序产生严重影响。

## 第一节　电力牵引系统概述

城市轨道交通车辆多数以电能为牵引动力，其电力牵引系统通常由受流装置从第三轨（接触轨）或架空式接触网接受电能，通过车载的变流装置为安装在转向架上的牵引电动机供电，将电能转化为机械能，通过齿轮传动箱和轮对，驱动城市轨道交通列车运行。

### 一、电力牵引系统的功能

城市轨道交通车辆电力牵引系统的功能主要包括牵引工况和制动工况两种。

#### 1. 牵引工况

牵引工况是指向异步牵引电动机提供频率和电压连续可调的三相电源。牵引工况下，列车牵引系统为列车提供牵引动力，将地铁电网上的电能转换为列车在轨道上运行的动能。

#### 2. 制动工况

制动工况可以分为再生制动工况和电阻制动工况。再生制动工况是指当异步牵引电动

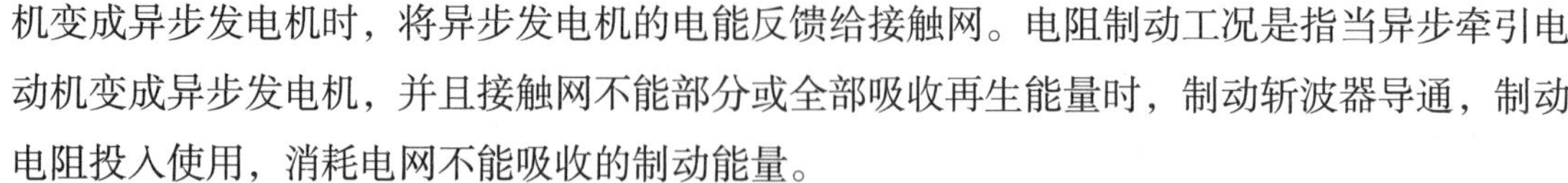

机变成异步发电机时，将异步发电机的电能反馈给接触网。电阻制动工况是指当异步牵引电动机变成异步发电机，并且接触网不能部分或全部吸收再生能量时，制动斩波器导通，制动电阻投入使用，消耗电网不能吸收的制动能量。

## 二、电力牵引系统的分类

从电力牵引传动系统的发展可以看出，城市轨道交通车辆的电力牵引传动与控制一般可分为直流调阻方式、直流斩波方式和交流变压变频方式三类。

### 1. 直流调阻车辆的传动与控制

变阻控制是一种曾广泛应用于直流牵引电动机牵引的控制方式。早期城市轨道交通车辆的电力传动与控制主要采用直流调阻方式。以早期北京地铁的 BJ–4 型车辆为例，其动轴各由一台 76 kW 的直流牵引电动机驱动，每台牵引电动机额定电压为 750 V，额定电流为 230 A，在每一节车辆的四台牵引电动机中，同一转向架的两台牵引电动机串联成一个机组，在牵引工况下，同一车辆的两个机组串联或并联。虽然直流调阻控制方式简单方便，但由于耗能、发热等原因，当前已淘汰。

### 2. 直流斩波车辆的传动与控制

斩波调压控制是利用大功率电力电子元器件将直流电压转换成方波，从而调整直流牵引电动机的端电压，其广泛运用于直流牵引电动机作为动力的城市轨道交通列车上，可实现无级调整，并容易实现再生制动。

以北京早期地铁 BJ–6 型车辆为例，其主电路及控制与 BJ–4 型车辆有所不同，前者不用变阻控制器来切换电阻，而是采用了可控硅斩波器无级平滑地调节电阻，这样不但调节平稳，并且去掉了变阻控制器，在主回路中减少了许多触点，从而减少了由此引起的故障频次，降低了维保工作量。

### 3. 交流变压变频车辆传动与控制

变压变频控制是利用逆变器将直流电变为电压和频率均可调节的交流电，以电压和频率的变化控制交流牵引电动机。其与交流电动机配合，无换向部分，运行可靠，过载能力强，结构简单，几乎无须保养与维修。

随着微电子技术和可控硅变流技术的飞速发展，城市轨道交通车辆的电力牵引传动与控制系统采用了交流三相异步牵引电动机的电力传动系统。目前，我国多数城市轨道交通车辆均已采用交流变压变频的传动与控制方式。

## 三、电力牵引系统的特点

城市轨道交通车辆电力牵引系统具有牵引功率大、传动效率高、能源利用率高、污染小、易于实现自动化控制等特点。

## 四、电力牵引系统的组成

就目前广泛采用的交流变压变频电力牵引传动系统而言，其主要由受流装置、熔断器箱、高压电器箱、滤波单元、牵引逆变器模块（MCM）、牵引电动机、牵引控制单元、制动斩波单元、接地装置、司机控制器和辅助电源系统等组成。其中，辅助电源系统包括蓄电池、辅助逆变器模块和充电器。

城市轨道交通车辆电力牵引系统框图如图 6–1 所示，电力牵引系统主电路如图 6–2 所示。

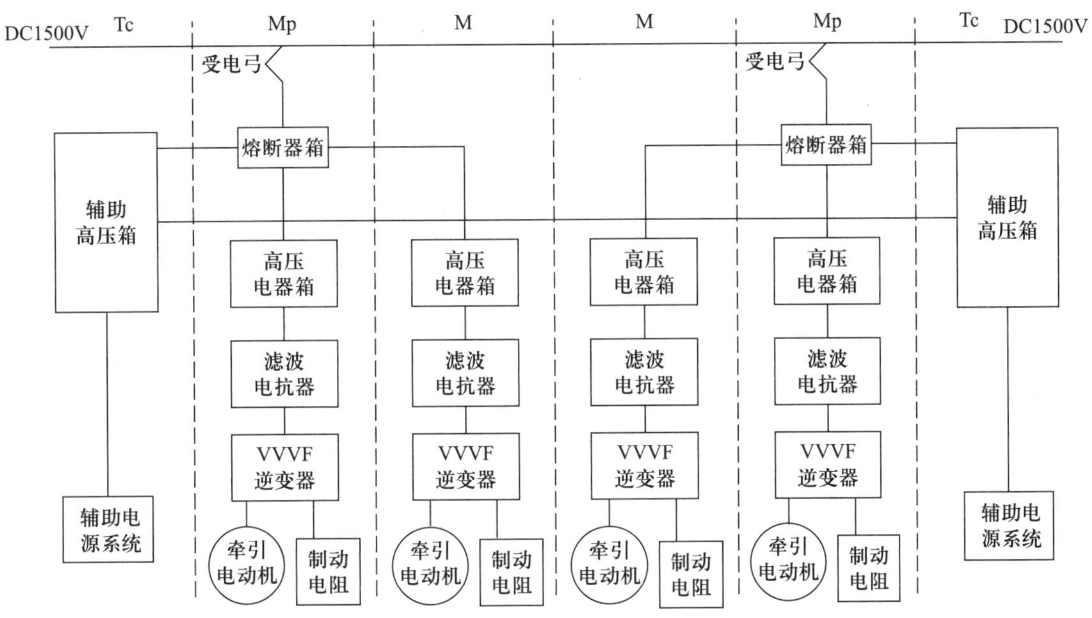


图 6–1　城市轨道交通车辆电力牵引系统框图

## 五、电力牵引系统的发展

随着电力电子器件和计算机技术的发展，城市轨道交通车辆的电力牵引传动技术由最初的变阻调速发展到斩波器调速，并不断进一步发展，在采用三相异步牵引电动机的动车中应用了变压变频技术。目前，逆变器技术已在城市轨道交通动车组上得到了非常广泛的应用。

因此，城市轨道交通车辆的电力牵引系统大致经历了 20 世纪 80 年代前的凸轮变阻调压直流传动系统、20 世纪 80 年代的斩波调压直流传动系统和 20 世纪 90 年代的变压变频交流传动系统三个阶段。

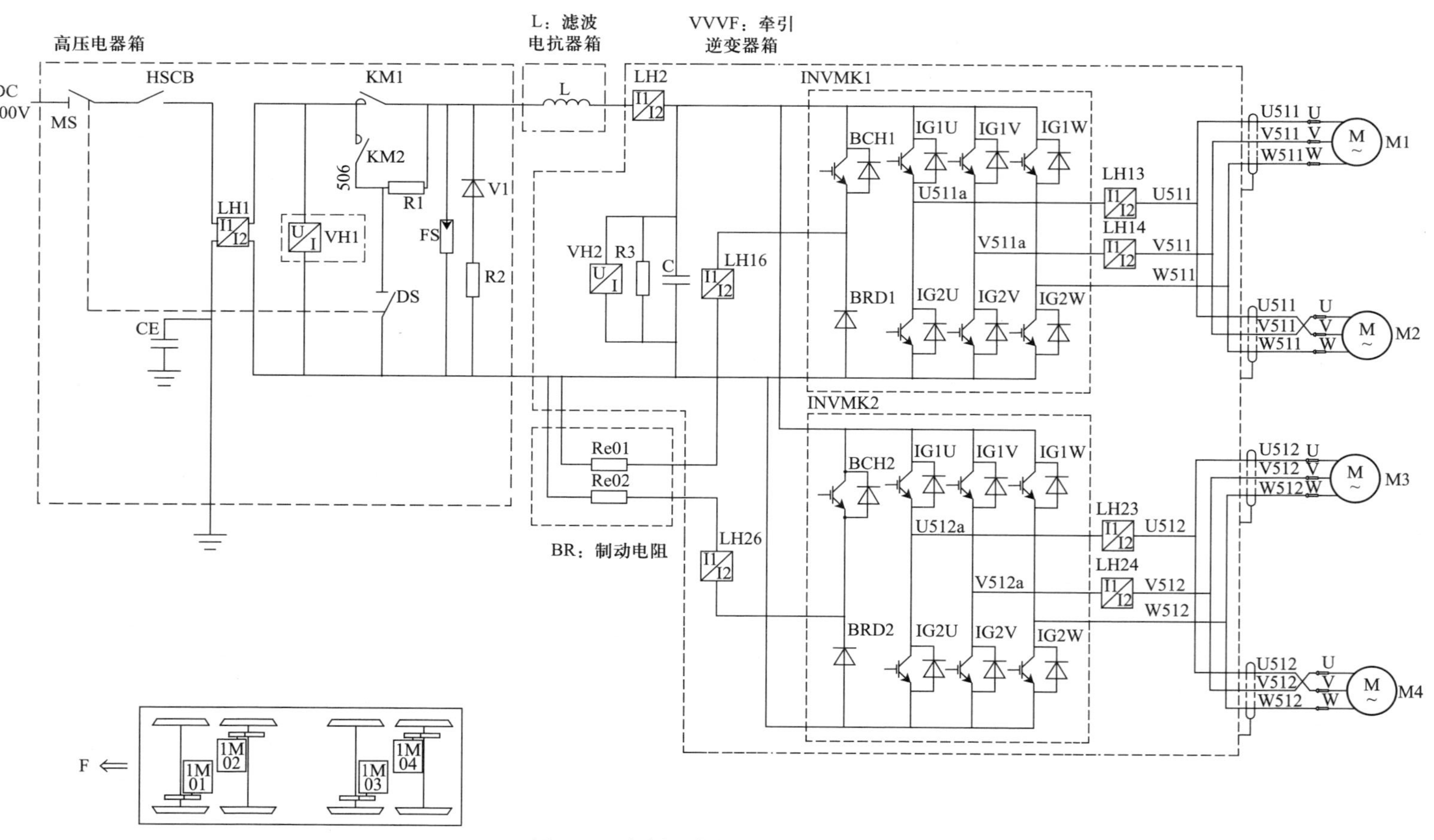


图 6-2　城市轨道交通车辆电力牵引系统主电路

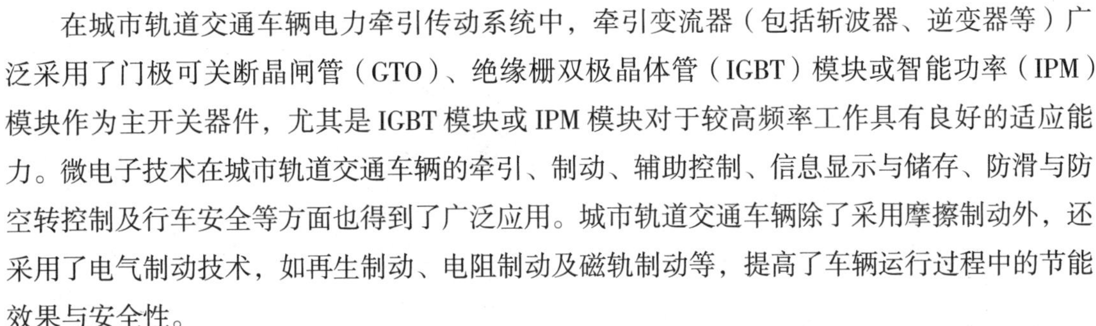

在城市轨道交通车辆电力牵引传动系统中，牵引变流器（包括斩波器、逆变器等）广泛采用了门极可关断晶闸管（GTO）、绝缘栅双极晶体管（IGBT）模块或智能功率（IPM）模块作为主开关器件，尤其是IGBT模块或IPM模块对于较高频率工作具有良好的适应能力。微电子技术在城市轨道交通车辆的牵引、制动、辅助控制、信息显示与储存、防滑与防空转控制及行车安全等方面也得到了广泛应用。城市轨道交通车辆除了采用摩擦制动外，还采用了电气制动技术，如再生制动、电阻制动及磁轨制动等，提高了车辆运行过程中的节能效果与安全性。

## 知识窗

目前，大连地铁1、2号线车辆采用DC1 500 V架空式接触网受电方式，四动两拖列车编组，牵引系统采用VVVF交流传动技术，具有防滑、防空转功能，控制方式采用车控方式，即每辆动车上设置有一台牵引逆变器，每台逆变器内装有两组IGBT变流器模块，一个牵引控制单元。牵引控制单元同时对两组模块进行控制，每个模块驱动一个转向架上的两台异步牵引电动机工作。

每辆拖车上设有一台辅助逆变器，每个辅助逆变器的输出分两路，一路输出为380 V、50 Hz三相交流电，用于辅助交流设备的供电；另一路输出为110 V直流电，用于直流控制设备的供电及蓄电池充电。

# 第二节　电力牵引系统的结构和工作原理

列车牵引系统主要由受流装置、高压电源箱、高速断路器、牵引逆变器、牵引电动机、制动电阻、接地装置组成。

受电弓从接触网受流，通过高速断路器、线路接触器、接地装置检测后，将DC1 500 V电源送入电动机转换模块，变成频率和电压均可调的三相交流电，平行供给车辆四台交流笼型异步牵引电动机，实现对电动机的调速，完成列车牵引、电制动功能。

### 一、受流装置

受流装置是城市轨道交通车辆从外部电源取电的关键装置。根据供电方式不同，城市轨道交通车辆受电形式分为接触网受电和第三轨受电两类。在架空式接触网供电的线路上，城市轨道交通车辆的受流装置为受电弓，外观如图6-3所示。在第三轨供电的线路上，城市轨道交通车辆的受流装置则为集电靴，外观如图6-4所示。

图 6–3　受电弓

图 6–4　集电靴

**1. 受电弓**

受电弓是一种通过空气回路控制升、降动作的铰接式机械构件，从接触网上集取电流，并将其传送到车辆电气系统的电气设备。由于接触网方式可以实现长距离供电，受线路变化影响较小，并且能适应列车高速行驶的需要，因此，较多的城市轨道交通线路应用受电弓装置。

受电弓的驱动方式有电动和气动两种，结构形式有单臂弓和双臂弓两种，均由碳滑板、弓头、弓角、上框架、下臂杆（双臂弓用下框架）、底架、升弓弹簧、传动气缸、支持绝缘子等部件组成。另外，按照弓头滑板数量不同，受电弓可分为单滑板受电弓与双滑板受电弓两种。城市轨道交通车辆使用的受电弓以气动、单臂、双滑板受电弓居多。

（1）受电弓结构和主要部件

受电弓典型结构如图 6–5 所示。

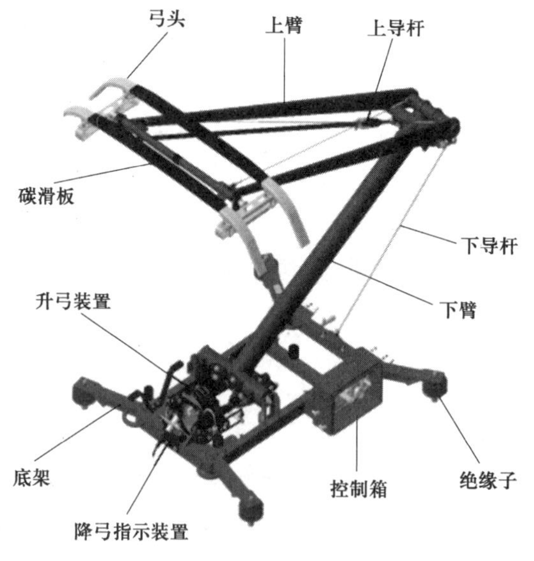


图 6–5　受电弓典型结构

1）弓头。弓头是直接与上部接触网接触的零件，质量较小，碳滑板安装在簧片上，弓头用枢轴安装在上臂上部，通过上部导向杆导向。

2）上臂。上臂为封闭的框架设计，由焊接铝结构组成，它由拉伸型管、环形上臂十字管和下臂连接，支撑下臂的旋转头和下导杆，框架由斜置的不锈钢支柱支撑。

3）下臂。下臂由一根焊接钢管构成，包括中心连接支撑的所有部分，支撑点由密封的重型旋转头组成。

4）升弓装置。升弓装置的作用是将受电弓从最低位置提升到上部接触网，该动作通过压缩空气进入弹簧式蓄能受电弓气缸来完成。压缩空气室活塞在弹簧式蓄能受电弓气缸中移动，使受电弓的主要拉伸弹簧放松，受电弓升高。

5）底架。底架安装在车顶，由方形中空管、角钢及板的焊接构件组成。它作为下臂的支撑装置，包括轴承、下导杆的轴承滑轮、拉伸弹簧的悬挂及气压升弓装置。

（2）受电弓工作原理

1）升弓。司机在司机室按压“升弓”按钮后，受电弓供风单元内的受电弓电磁阀得电动作，向受电弓提供压缩空气。压缩空气经过车内的管路、车顶的受电弓绝缘软管，进入受电弓底架上的控制箱，再进入升弓气囊供气。压缩空气进入升弓气囊后，气囊膨胀抬升，抬升的气囊带动钢丝绳拉动下臂杠，从而实现受电弓逐渐升起，直到受电弓弓头与网线接触并保持规定的静态接触压力。

2）降弓。司机在司机室按下“降弓”按钮后，受电弓电磁阀失电，向受电弓供应的压缩空气被切断，同时受电弓电磁阀将受电弓气路与大气连通（排气），气囊升弓装置排气，受电弓靠自重下降，直到顶管降下并保持在底架上。

图 6-6 和图 6-7 所示分别为受电弓升弓和降弓气路图。

（3）受电弓主要技术参数

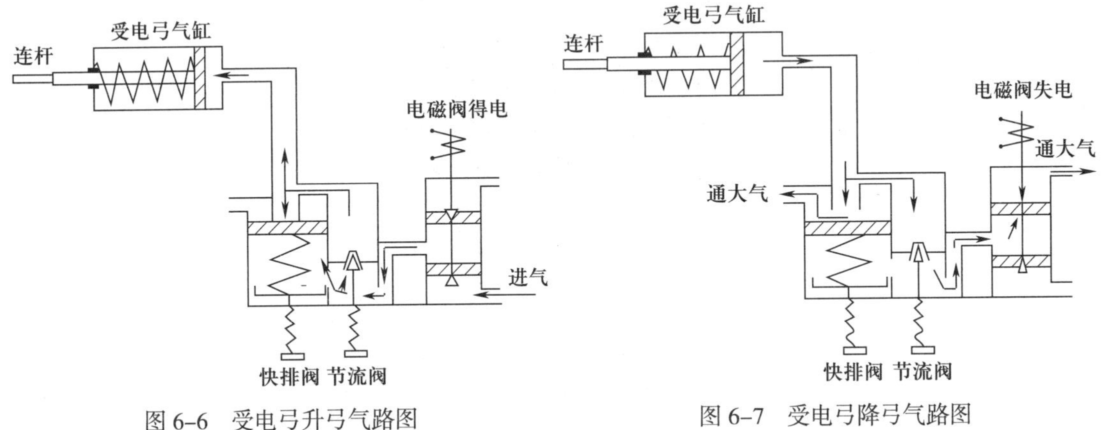


图 6-6　受电弓升弓气路图　　图 6-7　受电弓降弓气路图

不同的列车可根据自身需要安装不同的受电弓，因车体结构不同，所以受电弓的机械尺寸可能不同，安装高度也不同。受电弓型号、技术参数需要在列车设计阶段根据列车实际情况确定。以上海轨道交通 6 号线车辆受电弓为例，其主要技术参数见表 6–1。

**表 6–1　上海轨道交通 6 号线车辆受电弓主要技术参数**

| 项目 | 参数 | 项目 | 参数 |
|---|---|---|---|
| 额定电压 | DC 1 500 V | 最低工作位置 | 80 mm |
| 网线电压变化范围 | DC 1 000~1 800 V | 最高工作位置（包括绝缘子） | 2 400 mm |
| 额定电流 | 1 614 A | 最大升弓高度（不包括绝缘子） | （2 800 ± 100）mm |
| 最大工作电流（14 s） | 3 545 A | 折叠高度 | （300+5）mm |
| 最大停车电流 | 460 A | 静态接触压力 | （120 ± 10）N |
| 受电弓总长度 | 约 2 400 mm | 升弓时间 | （8 ± 1）s |
| 受电弓总宽度 | （1 700 ± 10）mm | 降弓时间 | （7 ± 1）s |

### 2. 集电靴

集电靴的功能与受电弓类似，安装在转向架的构架侧面上，与接触轨（第三轨）形成弹性接触，其结构如图 6–8 所示。

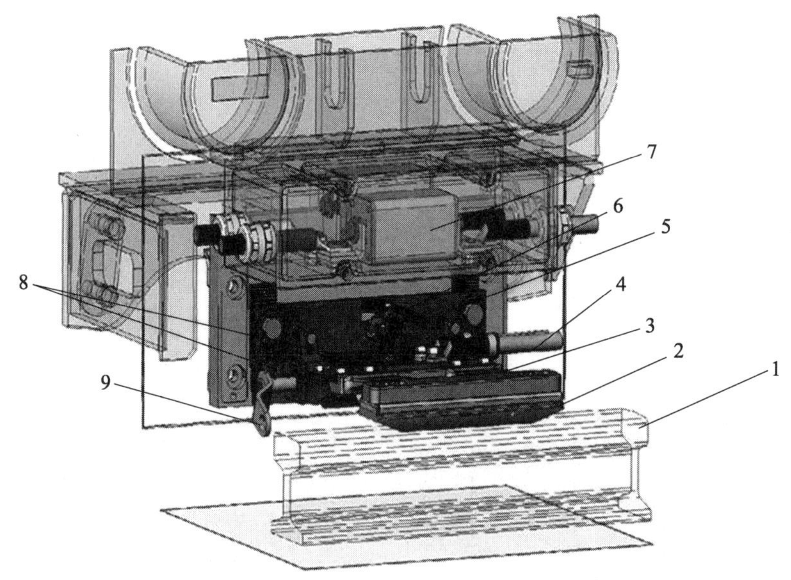


图 6–8　集电靴结构

1—第三轨　2—滑块　3—受流臂　4—电缆　5—绝缘底座　6—位移调节板　7—熔断器　8—弹簧与轴承　9—手动回退工具插入位置

为了防止短路，保护车体和转向架，集电靴上都装有熔断器，如果短路电流超过熔断器的分断能力，熔断器熔丝会熔断，从而保护其他电气部件，避免由于车辆牵引系统短路造成的损坏。

集电靴具有回位和锁定功能，锁定功能是为了保证有缺陷的集电靴与第三轨脱离（脱靴）。列车在运行时，可能会发生各动力单元主电路对地绝缘故障或集电靴故障，此时需将故障单元的各集电靴进行有效隔离（脱靴），使其不影响在线其他列车正常运营，以便列车应用其他动力单元运行至检修库。

集电靴配备了手动回收操作装置，可以进行集中回收操作。需要时可将绝缘操作手柄（快速分离钩）的钩头插入受流器手动回退工具插入位置，向上提起，完成集电靴滑块与第三轨的分离。同时，集电靴也配备了绝缘操作手柄，可通过绝缘操作手柄完成已隔离集电靴的降靴操作。

## 知识窗

车间电源是城市轨道交通车辆辅助的受流装置，主要应用于车辆在检修库内整车调试或部分设备带电检查时，通过电缆插头与外部电源相连，为列车电源系统供电。考虑到安全因素，车间电源与列车主受流装置之间相互联锁，不能同时为列车供电。

### 二、牵引电动机

牵引电动机（见图 6-9）是城市轨道交通车辆得以实现牵引及电制动的动力装置。它可将电能变为机械能，产生牵引力驱动列车；又可将机械能转变为电能，实现电制动。

图 6-9　牵引电动机

1—进风口　2—联轴节　3—接线箱　4—出风口

牵引电动机的分类如图 6–10 所示。

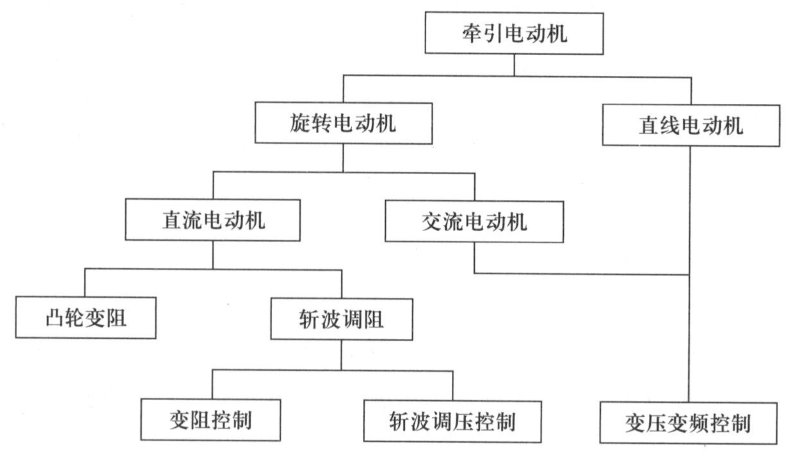


图 6–10　牵引电动机的分类

**1. 旋转电动机**

旋转电动机又可分为直流电动机与交流电动机。一直以来，直流电动机在城市轨道交通电动列车上得到了广泛应用，目前仍占有一定比重。随着电气电子技术的发展，体积小、容量大、可靠性高、维修量小的三相交流异步电动机开始被大量采用，其技术优势明显，具有替代直流电动机的趋势。安装于动车转向架上的交流电动机如图 6–11 所示。

图 6–11　安装于动车转向架上的交流电动机

（1）三相笼型交流电动机的结构

三相笼型交流电动机的结构如图 6–12 所示，主要由三部分组成。固定部分称为定子，旋转部分称为转子，定子和转子之间的间隙称为气隙。

定子结构如图 6–13 所示，由电气绝缘钢片叠装而成的定子铁芯组件被冷缩装配到定子壳体内，形成一个固定式定子单元。定子铁芯组件和定子壳体中有通风用的轴向风道。定子绕组被插入定子铁芯组件的槽中。

转子结构如图 6–14 所示，由电气绝缘钢片叠装而成的铁芯组件被冷缩装配到由高强度热处理钢制成的转子轴上，同时配以分别布置于其左右的转子止推环。转子配有通风用的轴向风道。铜制转子线排位于铁芯组件的槽中。

（2）牵引电动机的工作原理

受流装置从接触网上获得直流电流，经过列车牵引逆变器转换成三相交流电，输送给

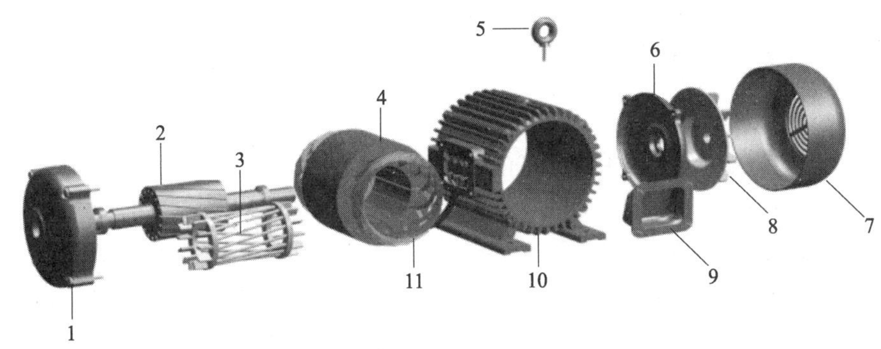


图 6–12　三相笼型交流电动机的结构

1—前端盖　2—转子绕组　3—转子铁芯　4—定子铁芯　5—吊环

6—后端盖　7—风罩　8—风扇　9—出线盒　10—机座　11—定子绕组

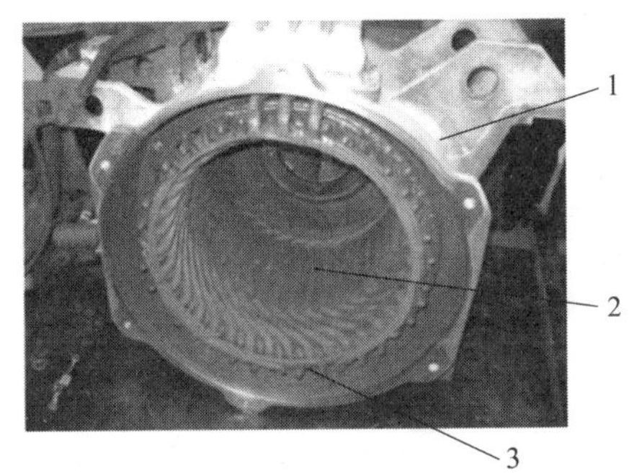


图 6–13　定子结构

1—机座　2—定子铁芯　3—定子绕组

图 6–14　转子结构

1—铜条　2—风扇　3—转子铁芯

交流牵引电动机（三相异步电动机）定子上空间位置相差 120° 的三相绕组，使定子三相绕组中有对称的三相电流流过，从而在气隙中产生旋转磁场。转子绕组在这个旋转磁场中感应出电动势，使转子绕组中产生电流。转子电流与旋转磁场相互作用，产生电磁力，形成使转子旋转的电磁转矩，转轴通过联轴器和齿轮箱把转矩传送给车辆转向架的车轴，带动车轮滚动，驱动列车运行。

## 知识窗

### 牵引电动机主要技术参数

大连地铁 1、2 号线车辆牵引系统所采用的牵引电动机为四极自通风三相笼型异步牵引电动机。该牵引电动机专为地铁车辆设计，采用架承式悬挂（全悬挂）安装在转向架上，通过联轴节进行传动，由牵引逆变器进行供电。其主要技术参数如下：

（1）定额方式：连续制。

（2）额定功率：190 kW。

（3）电动机电压（基波有效值）：1 050 V。

（4）电动机电流（基波有效值）：131 A。

（5）最高电压：1 404 V。

（6）牵引工况短时最大功率：234 kW。

（7）牵引工况短时最大电流：183 A。

（8）电制动工况短时最大功率：425 kW。

（9）电制动工况短时最大电流：204 A。

（10）额定转差率：0.014 8。

（11）级数：4。

（12）冷却方式：自通风。

（13）齿轮传动比（建议）：6.312 5（101/16）。

（14）齿轮传动效率：0.98。

（15）质量：590 kg。

（16）额定频率：60.9 Hz。

（17）额定转速：1 800 r/min。

（18）最高转速：3 328 r/min。

（19）额定转矩：1 008 N·m。

（20）启动转矩：1 505 N·m。

（21）效率（基波值）：92.8%。

（22）功率因数（基波值）：0.87。

**2. 直线电动机**

近年来，新发展的直线电机系统将传统电动机的旋转运动方式改为直线运动方式，突破了轨道车辆长期以来依靠轮轨黏着作用传递牵引力的传统技术，代表着未来车辆传动技术的发展方向。

采用直线电动机的车辆取消了旋转电动机从旋转运动转换成直线运动所必需的一系列机械减速传动机构，从而达到降低噪声、减轻质量的目的。同时，直线电动机的应用使电动列车转向架的结构变得十分简单，能够降低工程造价。直线电动机的缺点是效率低，并且需要铺设一条与线路等长的感应轨，工艺要求高，工程投资大，控制技术也较为复杂。

## 三、牵引逆变器

牵引逆变器是交流电动列车上的重要设备，安装在列车动车底部，其主要功能是将DC1 500 V电源逆变为AC1 050 V交流电，并为车辆牵引电动机供电。当电网电压在1 000~1 800 V之间变化时，主电路都能正常工作，并方便地实现牵引和制动的无接点转换。

目前，城市轨道交通电动车辆的牵引传动系统多采用IGBT模块，为两电平逆变电路。主电路由两个逆变器单元（INV1、INV2）组成，每个逆变器单元集成三相逆变器的三相桥臂及制动相桥臂，驱动两台异步牵引电动机。两个逆变器单元集成在一个牵引逆变器箱中，驱动同一转向架上的四台牵引电动机工作。牵引逆变器如图6-15所示。

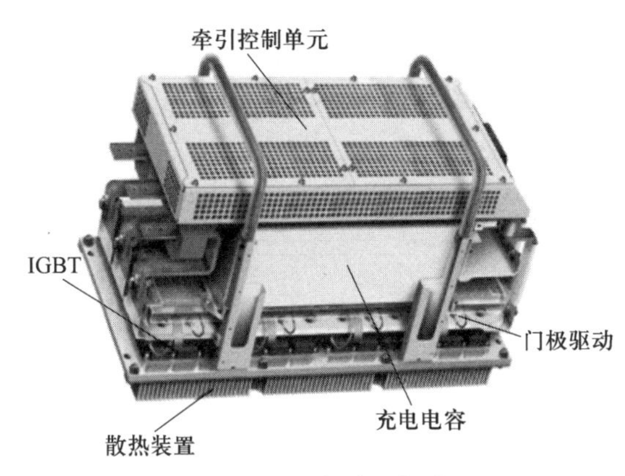


图6-15　牵引逆变器

### 1. 牵引逆变器工作原理

牵引逆变器的作用是通过IGBT的顺序导通关断，把直流电变换为电压频率可调的三相交流电，供给牵引电动机。牵引逆变器主电路如图6-16所示。三相逆变电路由六个带无功反馈的二极管的IGBT组成，电路工作时六个开关管顺序导通得到需要的电压波形，为了能够驱动逆变器，需要由牵引控制单元（DCU）发出控制脉冲，脉冲由安装在功率模块上的驱动电路发出，使逆变器工作。可以通过改变牵引逆变器各开关元件（如IGBT、GTO等）的开通时间来改变负载的电压，也可以通过改变牵引逆变器各开关元件开通的周期来改变输出的频率。根据异步电动机的工作原理，电动机转矩与电动机电压和电源频率之比的平方成正比，与转差频率成正比。同时，当转差频率为负值时，转矩为负值，产生制动力。

IGBT较GTO相比有以下优点：

（1）开关损耗小，允许使用较高的开关频率，装置性能更好。

（2）吸收电路小型化，甚至无须吸收电路，简化了牵引逆变器主电路。

（3）绝缘式模块结构便于设计与组装，简化了整个装置的结构。

（4）开关转换均匀，提高了系统的稳定性与可靠性。

（5）并联简单，便于标定变流器功率等级。

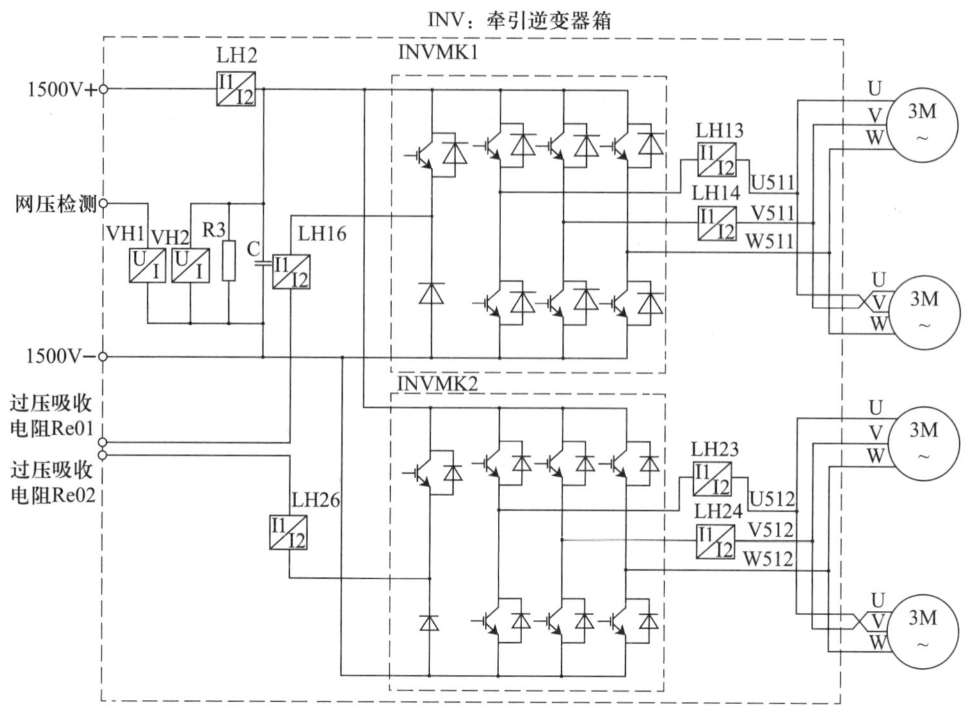


图 6–16　牵引逆变器主电路

（6）作为电压驱动型器件，只需简单的控制电路便可实现良好的保护功能。

**2. 牵引逆变器的功能**

（1）牵引控制（加速度）

司机控制器的向前 / 后退指令和牵引指令通过列车管理系统传输线发送至牵引逆变器，确保正常操作。同时还有多条列车线路输入至牵引逆变器，以便当列车管理系统网络发生故障时能够进行紧急操作。牵引转矩可根据这些司机控制器指令和制动控制装置负载信息，通过列车管理系统传输线进行控制。

（2）再生制动控制（减速度）

司机控制器制动指令输入到列车管理系统，列车管理系统计算再生制动请求指令，随后通过列车管理系统传输线输入到牵引逆变器。制动转矩根据这个来自列车管理系统的制动请求指令进行控制。牵引逆变器执行再生控制操作，使得牵引电动机所发电力能够反馈到第三轨电路。如果第三轨电路上的再生负载不能完全接受牵引电动机的再生电力，多余电力将被制动电阻消耗掉。

（3）空转、打滑和附着力控制

空转、打滑通过计算的电动机频率（根据 U 相和 V 相牵引电动机电流估计）进行检测。当检测到空转、打滑时，立即降低牵引电动机转矩，对空转、打滑状态进行校正。

（4）保护操作

与牵引控制系统相关的保护操作主要用于保护设备不受损坏或帮助维护作业。当牵引逆变器检测到任何保护时，即将该信息传输至列车管理系统，列车管理系统会为司机或维修人员提供一些帮助指导。

## 知识窗

**大连地铁1、2号线车辆牵引逆变器主要技术参数**

（1）额定输入电压：DC1 500 V。

（2）输入电压范围：DC1 000~1 800 V。

（3）电制动时允许最高电压：DC2 000 V。

（4）额定容量：2×530 kVA。

（5）额定输入电流：450 A。

（6）额定输出电流：2×262 A。

（7）电容放电时间：通过斩波单元放电时间小于1 s。
通过固定电阻放电时间小于5 min。
通过主隔离开关连锁放电时间小于5 s。

（8）输出电压范围：牵引工况（网压1 500 V）为0~1 112 V。
电制动工况（网压1 500 V）为0~1 170 V。

（9）输出主频率范围：0~150 Hz。

（10）冷却方式：热管走行风冷却。

（11）防护等级：IP54。

### 3. 牵引控制单元

牵引控制单元（DCU）为计算机控制系统，采用32位及以上的高速微处理器，通过专门的通信接口与车辆总线相连，在牵引控制单元发生故障时，不会影响车辆总线上的其他用户正常工作。

每一个牵引逆变器配备一个牵引控制单元。牵引控制单元是电力牵引传动系统的核心控制部分，主要完成对IGBT逆变器暨交流异步牵引电动机的实时控制、黏着控制、制动斩波控制，同时具备完整的牵引变流系统故障保护功能、模块级的故障自诊断功能、一定程度的故障自复位功能，以及部分车辆级控制功能。

## 知识窗

**牵引控制单元对故障实施等级的分类**

（1）轻微故障，设为自恢复故障。

（2）中等故障，可复位故障［通过列车控制和管理系统（TCMS）的“故障消除命令”复位］。

（3）严重故障，不可复位故障（通过停机、上电复位，无效切除）。

（4）最严重故障，逆变器切除故障。

### 四、高速断路器

高速断路器是一个单极型直流断路器，双向电磁控制，采用自然冷却。高速断路器位于 Mp 车的高压箱内，当发生过电流（短路、过载或故障）时，能够迅速做出反应，将牵引设备从电网上可靠地断开。牵引逆变器通过高速断路器连接到接触网上。有些牵引系统在高速断路器和受流器之间还设置了闸刀开关，必要时（如检修）可以把高速断路器和受流器的高压线路断开，并将闸刀开关设置为接地。高速断路器如图 6–17 所示。

图 6–17　高速断路器

#### 1. 高速断路器的结构及主要部件

高速断路器结构如图 6–18 所示。

（1）主电路

主电路组装在一个由刚性的玻璃纤维强化聚酯制成的构架上，它由带有动触点的下部连接和作为定触点的上部连接组成，其闭合由闭合装置控制。动触点通过叉杆压靠在上部连接。

（2）脱扣装置

脱扣装置为环状，被绕放在下部连接。脱扣装置由一组封装在脱扣盒中的板子组成，用脱扣装置盖板进行封闭。这样形成的磁路由移动磁铁完成闭合。

（3）灭弧罩

灭弧罩的作用是避免在使用开关时瞬间打火造成短路。

（4）闭合装置

闭合装置由一个包含闭合线圈的磁路组成。该磁路包括固定部分和移动部分。固定部分包括气缸、前板和后板，移动部分包括硅橡胶环、触点压力弹簧和安装有叉杆的闭合杆。闭合线圈和磁路组件被安装在闭合装置盒内，由闭合装置的盖板封闭。

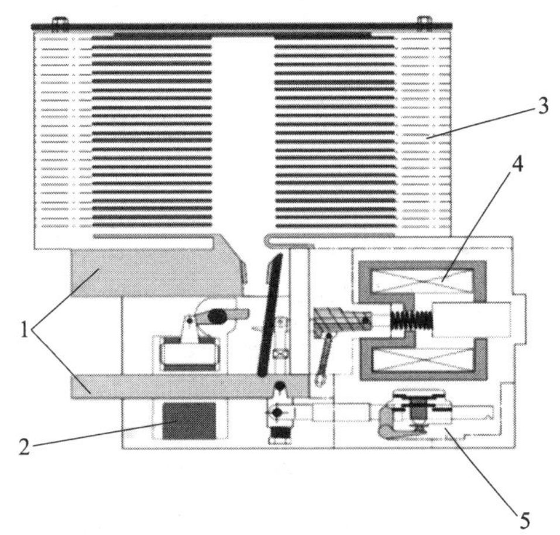


图 6-18　高速断路器结构

1—主电路　2—脱扣装置　3—灭弧罩

4—闭合装置　5—辅助触点

（5）辅助触点

辅助触点由安装在附件盒上的六个双触点开关构成。开关由杠杆激活，由动触点通过导向组件进行控制，杠杆由销座叉杆和销钉组成。

**2. 高速断路器的工作原理**

（1）闭合

动触点的关闭是由叉杆提供的，叉杆与关闭设备集成在一起。在列车发出高速断路器闭合指令后，列车会向闭合线圈输送一个电流脉冲，由此产生的磁场可吸引与叉杆一体的移动线圈铁芯。在其移动过程中，线圈铁芯压缩一个触点压力弹簧，产生触点压力。

（2）脱扣

一旦发生过电流（短路、过载或故障），由主电路形成的线圈产生一个磁场，使得磁铁向上移动，通过杠杆下压叉杆，从而释放动触点，过电流反应阈值从 1 200~2 000 A 可调，调整通过旋钮完成，调整以后的数值可从与脱扣指示器位置相对应的刻度板上读出。如果主电路断开，当断路器加压时，在上连接和动触点之间产生的电弧被主电路生成的自动灭弧系统迅速推入灭弧罩，当动触点被移开时，就可以拉出一道电弧，桥接右连接与左连接。电弧进入灭弧罩以后被分离，并且留在变流装置之间一直到熄灭。产生的气体在去离子器之间逸出，从灭弧罩的四周消散。

## 五、制动电阻

每节动车有一个制动电阻箱，配备两个制动电阻单元，当列车处于电制动状态且网压超过 1 800 V 时，制动斩波单元开启，将电动机反馈的电能传输给制动电阻，作为热能消耗掉。

### 1. 制动电阻的分类

制动电阻在消耗列车多余的再生能量时，也产生大量的热能，这些热能必须散发到大气中去。因此，若不能采取有效的散热手段，制动电阻产生的热能将聚集在制动电阻内部，在很短的时间内就足以导致制动电阻烧损。按冷却形式不同，制动电阻可分为强迫通风冷却型制动电阻和自然通风冷却型制动电阻两类。

（1）强迫通风冷却型制动电阻

强迫通风冷却型制动电阻的结构一般为一组或数组制动电阻元件封闭在一个通风风道内。风道的一端安装有一台风机，另一端通向大气。电阻带平行于通风方向布置，以利于减小风阻和提高散热效率。

强迫通风冷却型制动电阻的优点是结构紧凑、体积小、质量轻，便于在车辆上安装而不占用过多的设备安装空间，适用于安装空间有限而制动功率较大的情况。但由于其需要一台用于散热的风机，必然会增加列车的能量消耗和噪声。另外，为确保通风正常，防止制动电阻烧损，还必须安装风压监控及温度监控装置。因此，虽然其初期投资成本在各种制动电阻中是最低的，但长期应用成本较高。

（2）自然通风冷却型制动电阻

自然通风冷却型制动电阻的结构一般为一组或数组制动电阻元件布置在一个相对开放（满足基本的外部防护要求）的框架内，电阻带垂直于地面布置，以利于空气自然对流。

由于这种电阻不需要风机进行通风散热，不需要额外的能量消耗，而且结构最为简单，故障率很低，不需要额外的监控装置，因此长期应用成本较低。但由于其采用自然通风冷却，需要很大的空间布置电阻带，且质量大，因此只适用于制动功率较小且具有足够设备安装空间的场所。此外，这种制动电阻为增加电阻带热容量，电阻带使用量也大大增加，初期投资成本也因此大大增加。

### 2. 制动斩波单元

制动斩波单元（见图 6–19）由 IGBT 斩波模块及制动电阻（BR）等组成。IGBT 斩波模块与逆变模块集成在逆变器模块上。制动斩波单元能够抑制中间直流回路电压的瞬时波动和过电压。

牵引或制动工况时，通过触发导通斩波模块，能抑制因空转或其他原因引起的瞬时过电压，再生制动时，能够吸收再生制动能量，确保再生制动的稳定进行。制动斩波单元主电路如图 6–20 所示。

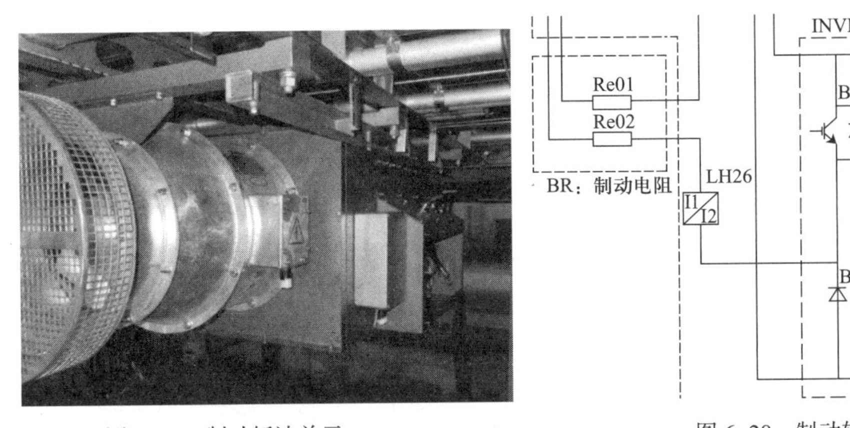


图 6–19　制动斩波单元

图 6–20　制动斩波单元主电路

## 六、浪涌吸收器

浪涌吸收器（避雷器）用于防止来自城市轨道交通车辆外部的过电压（如雷击等）对车辆电气设备的破坏。浪涌吸收器与被保护物并联，当出现危及被保护物绝缘板的过电压时放电，从而限制绝缘板上的过电压值，它的保护范围应与变电所过电压保护相配合。浪涌吸收器如图 6–21 所示。

a)

b)

图 6–21　浪涌吸收器

a）安装于车顶　b）安装于车体底架

浪涌吸收器包括一个火花间隙和一个非线性电阻（氧化锌），两部分装于一个陶瓷壳内，用法兰盘密封。非线性电阻是一种压敏电阻器，具有理想的伏安特性（相当于稳压二极管的反向特性），在正常工作状态下呈高阻，流过的电流非常小，可视为绝缘体。当系统出现超过电压动作值的电压时，电阻呈低阻，流过的电流急剧增加，此时电流的增加抑制了电压的上升，使浪涌吸收器的残压被限制在允许值内，并将冲击电流迅速泄入地下，从而保护了与其并联的设备，避免绝缘击穿。电压恢复到正常工作范围时，电阻呈高阻，浪涌吸收器又呈绝缘状态。

**七、接地装置**

动车每轴设一接地装置。接地装置为主电路提供回流通路，使电流经轮对到达钢轨，构成 DC1 500 V（DC750 V）的完整电路。接地装置能保证列车接地电路及车体接地良好，其通流能力与主回路参数相匹配，且不允许造成车辆轴承的电蚀。接地装置的结构便于检修和拆装，其外观如图 6–22 所示。

**八、司机控制器**

城市轨道交通列车司机通过操纵司机控制器手柄，使得列车按司机意图控制运行。司机控制器实际上是一组转换开关，通过扳动两根不同的轴，控制凸轮及相应的触点分合，然后通过控制电路控制列车的运行方向，实现列车牵引、制动与惰行工况的转换。

司机控制器主要由主控制手柄、方式 / 方向手柄、组合开关、凸轮、转动轴、电位器电阻等部件组成，其外观如图 6–23 所示。

图 6–22　接地装置

图 6–23　司机控制器外观

为了保证列车运行安全，在主控制手柄上安装有警惕装置，司机按下后方能发出牵引指令，若不能及时再次按下将导致列车采取紧急制动。另外，司机控制器还与司机钥匙开关、方式 / 方向手柄相互联锁。

## 第三节　辅助电源系统

辅助电源系统（SIV）是城市轨道交通车辆电力牵引传动系统的主要组成部分，其运行独立于牵引系统。以 6 节编组城市轨道交通列车为例，每单元 Tc 车上装有一台辅助电源，每台辅助电源的输出功率总容量为 220 kVA，6 节编组列车则有两台辅助电源。

## 一、辅助电源系统的定义及组成

图 6–24　辅助电源系统外观

城市轨道交通车辆上的辅助交流负载，如车厢通风、空调及牵引等系统设备，采用交流电源的照明系统等，以及乘客信息系统、列车控制系统、车辆及其子系统控制系统、电动车门驱动装置、蓄电池充电器、采用直流电源的照明系统等直流负载，都是由车辆辅助电源系统供电。城市轨道交通车辆的辅助电源系统外观如图 6–24 所示。

辅助电源系统主要由辅助逆变器、充电器、蓄电池三大部分组成。每列城市轨道交通车辆采用两台辅助逆变器，辅助逆变器将电网的直流电逆变处理后为车辆提供两组电源：一组为 380 V、50 Hz 的三相交流电，提供给空调、空气压缩机等设备；另一组为 110 V 直流电，给所有的控制设备供电，同时向蓄电池充电。

## 知识窗

### 辅助电源系统供电范围

1. 380 V 交流电供电范围

空调系统、空气压缩机、制动电阻风机、司机室电加热器、客室电加热器、电热玻璃、LCD 显示器、其他（含插座）。

2. 110 V 直流电供电范围

所有的控制设备、受电弓升降系统、列车自动防护系统、紧急照明系统、蓄电池充电系统、紧急通风风机、列车监控系统、司机室照明系统、客室照明系统、列车控制和管理系统。

3. 24 V 直流电供电范围

前照灯、指示灯、仪表灯、防护灯、火警探头。

## 二、辅助电源系统的供电方式

6 节编组的城市轨道交通车辆设置有两台辅助电源。列车正常运行时，两台辅助电源一同向 6 节编组列车的负载供电；当一台辅助电源发生故障时，该辅助电源的输出会被封锁，由另一台辅助电源为整列车的基本负载供电；当所有辅助电源同时故障或电网电压中断时，将由蓄电池提供应急供电。因此，辅助电源系统的供电方式主要分为正常供电方式、扩展供电方式和应急供电方式。

此外，辅助电源系统还设置应急启动电路，当主蓄电池发生故障时（如严重馈电），能通过应急启动电路启动逆变器和充电机。应急启动电路可以采用应急蓄电池，但应急蓄电池需要经常维护及定期更换，可采用 DC1 500 V/110 V 应急启动电源（DBPS）电路。该电源免维护，可大大节省运营维护工作量及费用。应急启动电源供电时，将受电弓 1 500 V 直流电压直接通过 DC/DC 转换到隔离的 110 V 直流母线上，从而给辅助电源控制单元供电并启动辅助逆变器和蓄电池充电器。

## 三、辅助逆变器

城市轨道交通车辆主要通过辅助逆变器输出三相交流电，供辅助电动机工作，同时再经过整流输出直流电，供列车蓄电池及应急电池充电使用。对于采用交流供电的照明系统，辅助逆变器还负责向照明系统供电。

列车辅助逆变器的工作原理与主电路变流用逆变器是一样的，只是辅助逆变器的供电频率及幅值是固定的，其控制比主电路变流用逆变器简单。

## 四、蓄电池

蓄电池是车辆辅助供电系统的低压直流备用电源，如图 6–25 所示。蓄电池在辅助静态逆变器正常工作时处于浮充电状态；在网压供电或辅助静态逆变器发生故障、不能正常工作时，作为紧急电源向车辆部分辅助直流紧急负载（如车厢紧急通风系统、紧急照明系统、各控制系统）供电。

图 6–25　蓄电池

目前，城市轨道交通车辆蓄电池通常采用碱性镉镍蓄电池。镉镍蓄电池具有环保、充放电循环周期长（达数千次）、自放电小、低温性能好、耐过充能力强等优点。因此，列车上通常使用镉镍蓄电池作为启动电源。

## 思考与练习

1. 城市轨道交通车辆电力牵引系统主要由哪几部分组成？各有什么作用？
2. 城市轨道交通车辆电力牵引系统的工作原理是什么？
3. 牵引逆变器的工作原理是什么？
4. 辅助电源系统的用途是什么？

# 第七章　制动与供风系统

## 学习目标：

◆ 掌握城市轨道交通车辆制动系统的概念及组成。

◆ 掌握城市轨道交通车辆制动系统的类型及特点。

◆ 掌握城市轨道交通车辆供风系统的基本结构和原理。

◆ 了解基础制动装置的类型及结构。

◆ 了解电制动的基本原理。

在城市轨道交通车辆各系统中，制动系统与车辆的行驶安全、司机的驾驶舒适度、乘客的乘坐舒适度等均有密切的关系，尤其是对控制往来车辆的行驶速度和增长车辆运能等具有直接的影响作用。

## 第一节　制动系统概述

为了使运行中的列车能迅速减速、停车，必须对其实施制动，因此在城市轨道交通车辆上安装了一系列装置来完成列车的制动。与车辆制动功能有关的所有电子设备、电气设备、机械设备等一系列装置归结为一个系统，统称为制动系统。制动系统是轨道交通车辆的重要组成部分，与牵引系统共同完成列车的运行与减速、停车。从安全角度来讲，制动系统所起的作用更为重要。

### 一、制动系统的作用及要求

城市轨道交通车辆运行时，平均站间距短，进站对标停车精确度要求高，对车辆运行速度的控制要求严格。制动系统承担着车辆运行中速度控制、减速对标停车、紧急停车，以及列车停稳后防止溜车的作用。城市轨道交通制动系统的基本要求如下：

1. 操纵灵活，反应灵敏，动作前后一致性好。
2. 具有足够的制动能力，以保证列车在规定制动距离内停车。
3. 能保证列车在大长坡道上运行时制动力不衰减。
4. 具有电制动能力并能充分发挥，以降低运营成本。

5. 具有电制动与空气制动联合制动能力。

6. 具有载荷自动调整能力，以减小纵向冲击力。

7. 具有紧急制动性能，紧急情况时可自动或由人工操纵触发紧急制动。

## 二、制动的方式

从能量守恒理论出发，制动的过程是列车的动能转化为其他形式能量的过程，按照制动过程中列车动能的转移方式不同，可将城市轨道交通车辆的制动分为摩擦制动与电制动两种方式。

### 1. 摩擦制动

摩擦制动也称空气制动，因为摩擦制动的原动力来自制动风缸中压缩空气的作用力，摩擦制动的最终执行是通过基础制动装置的摩擦作用将列车的动能转化为热能释放到外界环境中。常见的摩擦制动方式有踏面制动、盘形制动和轨道电磁制动。

（1）踏面制动

踏面制动（见图 7–1）又称闸瓦制动，是指通过闸瓦与车轮踏面的机械摩擦将列车的动能转化为热能，从而实现列车减速停车的制动方式。

（2）盘形制动

盘形制动是指制动过程中通过制动夹钳与制动盘之间的机械摩擦产生制动力的制动方式，如图 7–2 所示。其中，制动盘一般为铸铁圆盘，可以将制动盘单独安装在车轴上（称轴盘式），也可以直接在车轮的辐板侧面安装制动盘（称轮盘式）。盘形制动可以减小车轮踏面的磨损，从而减少车轮的维修量，延长车轮的使用寿命。

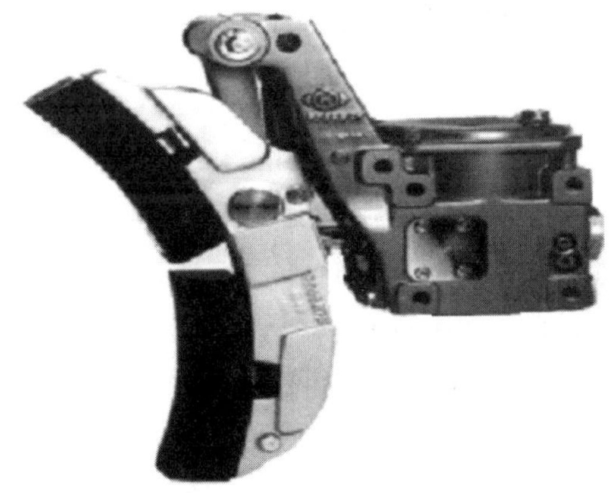

图 7–1　踏面制动

图 7–2　盘形制动

（3）轨道电磁制动

轨道电磁制动也称为磁轨制动，在转向架侧梁上安装升降风缸，风缸底端装有电磁铁及磨耗板，制动时，电磁铁通电励磁，落下吸附在钢轨上产生摩擦，将列车动能转化为热能逸散，如图 7–3 所示。轨道电磁制动过程中摩擦产热较多，钢轨磨耗严重，在我国城市轨道交通制动中应用较少。

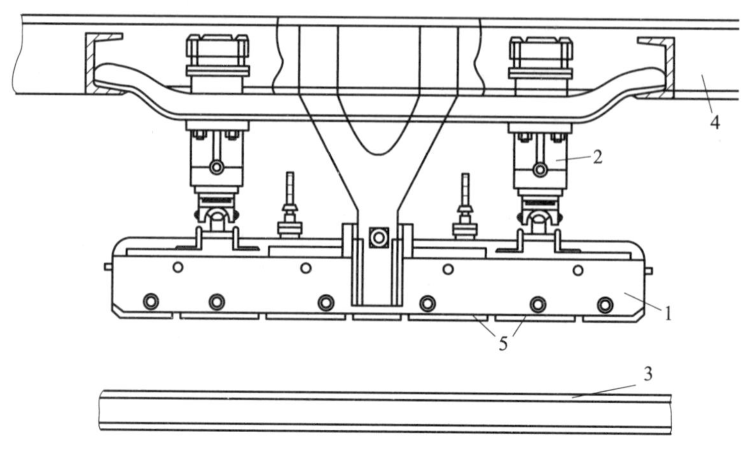


图 7–3 轨道电磁制动

1—电磁铁 2—升降风缸 3—钢轨 4—转向架构架侧梁 5—磨耗板

**2. 电制动**

电制动也称为动力制动，电制动技术的实现基于电动机的可逆性工作原理，是指在制动工况时，牵引电动机变为发电机，将列车的动能转变为电能，经 VVVF 整流为直流电反馈于接触网，或直接被车辆的制动电阻通过电流的热效应耗散掉。

电制动方式相比摩擦制动更节能环保，因此城市轨道交通车辆优先采用电制动的方式，摩擦制动仅作为辅助制动方式，当电制动力不足时，由摩擦制动迅速、平滑地补充，确保制动力大小满足制动指令的要求。

## 三、基础制动装置

基础制动装置是制动系统的制动执行部分，其作用是把制动力经传动机构放大若干倍后作用在车轮踏面或制动盘上，从而阻止车轮转动，产生制动作用。城市轨道交通车辆的基础制动装置普遍采用模块化结构，称为单元制动器。常用的单元制动器主要有克诺尔公司的 PC7Y 型、PC7YF 型、PEC7 型、KLX–7 型和 XFD 型等。

按照制动方式不同，单元制动器可分为两大类，一类是由踏面与闸瓦组成摩擦副的闸瓦制动单元制动器，另一类是由制动盘与制动夹钳组成摩擦副的盘形制动单元制动器。

**1. 闸瓦制动单元制动器**

当列车制动时，制动缸充气，在压力空气的作用下，制动缸活塞压缩缓解弹簧右移，活塞杆推动制动杠杆，而杠杆的另一端则带动闸瓦间隙调整器向车轮方向推动闸瓦托及闸

瓦，使闸瓦紧贴车轮。

缓解时，制动缸排气，这时闸瓦及闸瓦托上所受到的推力撤除，在制动缸缓解弹簧及闸瓦托吊杆上端头扭簧的弹力作用下，闸瓦及活塞等机构复位。

（1）PC7Y 型踏面单元制动器

如图 7–4 所示，PC7Y 型踏面单元制动器不带停放制动器，主要由制动缸体、传动杠杆、缓解弹簧、制动缸活塞、扭簧、闸瓦、闸瓦间隙自动调整器和手动杠杆及其安装枢轴等组成。

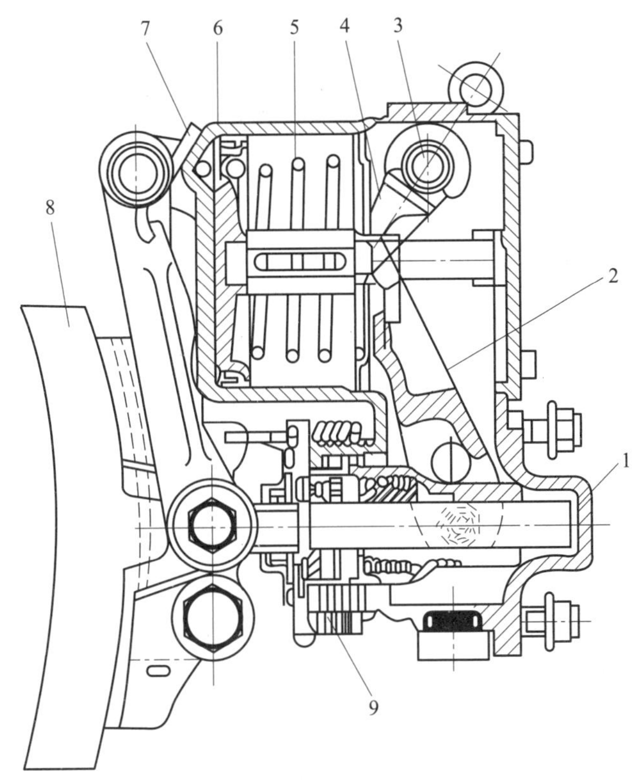


图 7–4　PC7Y 型踏面单元制动器

1—制动缸体　2—传动杠杆　3—安装在制动缸体上的枢轴　4—手动杠杆　5—缓解弹簧
6—制动缸活塞　7—扭簧　8—闸瓦　9—闸瓦间隙自动调整器

（2）PC7YF 型踏面单元制动器

如图 7–5 所示，PC7YF 型踏面单元制动器在 PC7Y 型的基础上增加了一个用于停车制动的弹簧制动器，它包括停车缓解风缸、缓解活塞、活塞杆、螺纹套筒、停放制动弹簧、缓解拉簧、停放制动杠杆等。

（3）PEC7 型闸瓦单元制动器

PEC7 型闸瓦单元制动器由制动风缸、传动机构和间隙调节器组成，具有以下特点：可由单动式间隙调节器自动校正因闸瓦和轮对踏面磨耗造成的闸瓦间隙，空气消耗恒定，司机

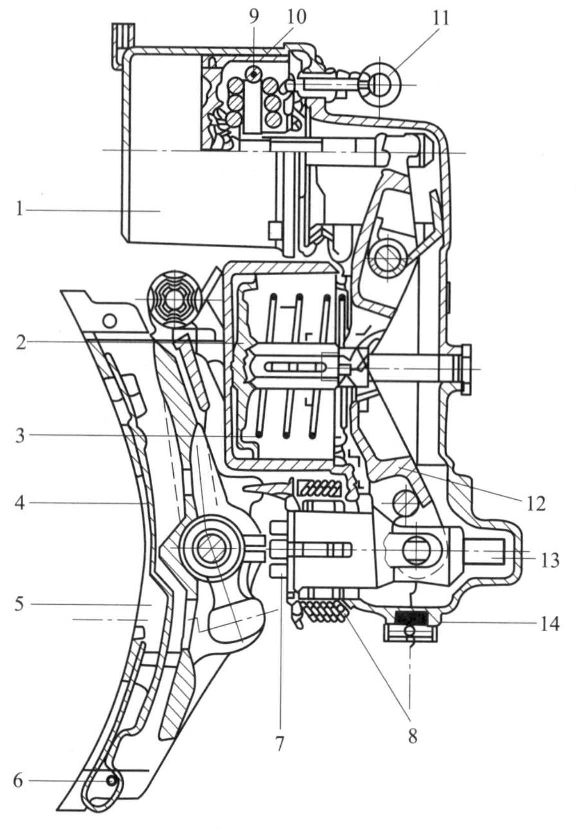


图 7–5　PC7YF 型踏面单元制动器

1—闸瓦托吊　2—闸瓦间隙调整器　3—制动杠杆　4、6—活塞杆　5—停放制动杠杆　7—缓解拉簧　8—螺纹套筒　9—停放制动弹簧　10—缓解活塞　11—缓解风缸　12—吊销　13—闸瓦托　14—制动活塞

室集中控制弹簧驱动装置，更换闸瓦后无须手动调节。在制动施加过程中，压缩空气通过气孔进入制动风缸给活塞充气，启动制动。活塞的运动传至两个对称安装在套上的凸轮盘上，凸轮盘沿着凸轮滚子滑动并将整个调节装置、主轴和闸瓦垫一起推动至制动位置，当闸瓦与轮对接触后，就会产生制动力，如图 7–6 所示。

**2. 盘形制动单元制动器**

盘形制动单元制动器具有结构紧凑、制动效率高、能有效地缩短制动距离、减轻踏面磨耗及检修工作量小等优点，在新型城市轨道交通列车上得到了广泛的应用。盘形制动单元制动器主要由制动盘、合成闸片、盘形制动单元和杠杆等部件组成。

PD 型盘形制动单元用于城市轨道交通电动客车制动系统的基础制动，靠制动杠杆吊座销轴与闸片托吊杆销轴固定到转向架上。制动杠杆是力的主要传递部件，各销轴起支点支撑作用。其结构如图 7–7 所示。

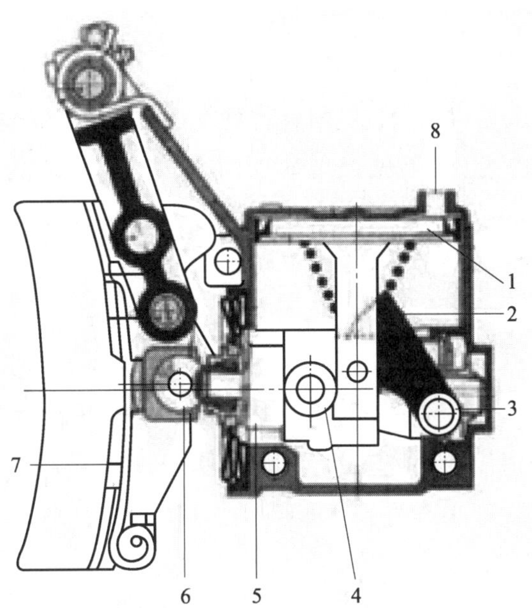


图 7-6　未充气状态下的 PEC7 型闸瓦单元制动器制动单元风缸

1—活塞　2—凸轮盘　3—轴承销　4—凸轮滚子　5—调节装置　6—主轴　7—闸瓦垫　8—进气孔

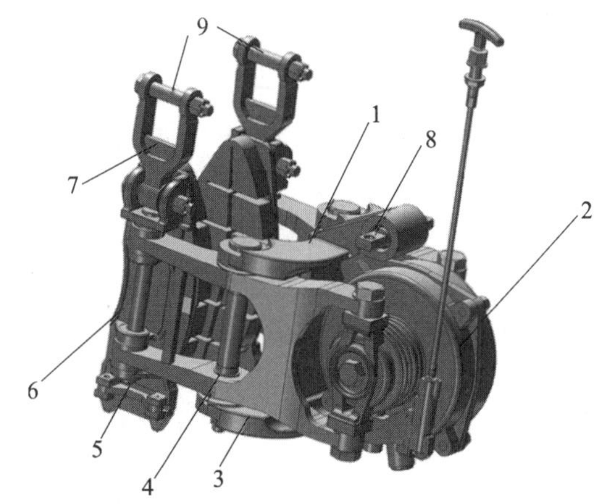


图 7-7　PD 型盘形制动单元结构

1—构架组成　2—盘形制动缸　3—制动杠杆吊座　4—制动杠杆

5—闸片托挡板　6—闸片托　7—闸片托吊杆　8—制动杠杆吊座销轴　9—闸片托吊杆销轴

## 四、动力制动

### 1. 动力制动的设备组成

动力制动功能只能由动车实现，在城市轨道交通列车每节动车上与动力制动相关的主要设备包括一个三相调频调压逆变器、一个牵引控制单元、一个制动电阻和四个自冷式三相交流电动机。

**2. 动力制动的模式**

（1）再生制动

动力制动时，牵引电动机变为发电机，将列车的动能转变为电能，输出三相交流电，经 VVVF 整流为直流电反馈于接触网，此即再生制动过程，也称为反馈制动。列车实现再生制动的条件是再生制动电压必须大于接触网网压。再生制动的电能可由本车辅助电源吸收，也可供同一电网的其他列车运用。

（2）电阻制动

电阻制动的原理如图 7–8 所示，当列车制动区段无其他列车吸收制动的再生电能时，VVVF 将再生电能反馈在线路电容上，电容电压 $U_d$ 上升，当 $U_d$=1 800 V（最大设定值）时，DCU 启动斩波模块 A14，打开制动电阻 R7 回路，此时，再生电能则被制动电阻通过电流的热效应耗散掉，即为电阻制动，也称为耗能制动。

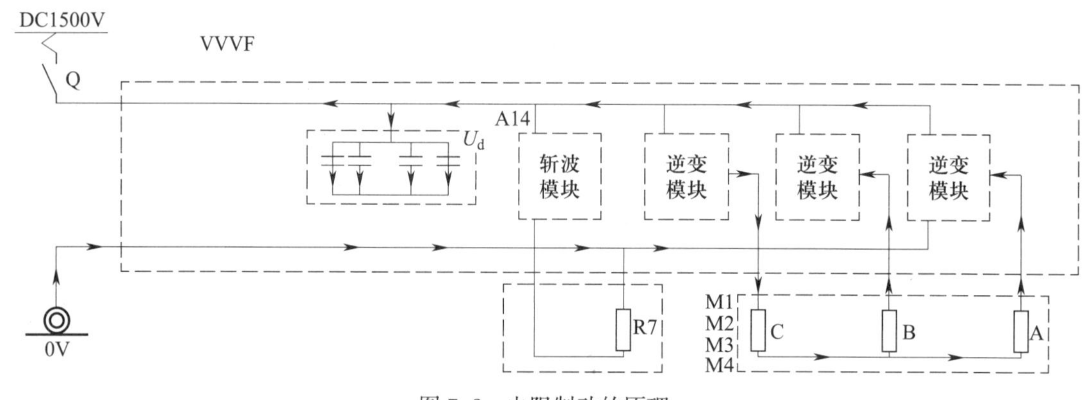


图 7–8　电阻制动的原理

车辆进行动力制动时，再生制动优先，如果接触网电压过高或同一供电区段无其他车辆吸收反馈能量，则电路转为电阻制动，把能量消耗在制动电阻器上。

## 第二节　供 风 系 统

在城市轨道交通车辆的制动系统中，空气制动作为必要的辅助制动方式，其制动力的来源为压缩空气的推动力。因此，城市轨道交通车辆上必须设有一系列产生压缩空气的装置，称为供风系统。供风系统是空气制动系统的主要组成部分，每一辆车都有空气制动系统，而供风系统一般为每个列车单元设置一套，一列车有几个单元，便有几套供风系统。

### 一、供风系统的作用与组成

城市轨道交通车辆的供风系统由一系列具有不同功能的装置构成，负责为空气制动系统和其他用风系统（包括升弓、气动车门控制、空气弹簧、风笛等装置）提供压缩空气。

供风系统主要由空气压缩机单元、空气干燥器、风缸、高压安全阀、压力传感器等部件构成，如图 7–9 所示。

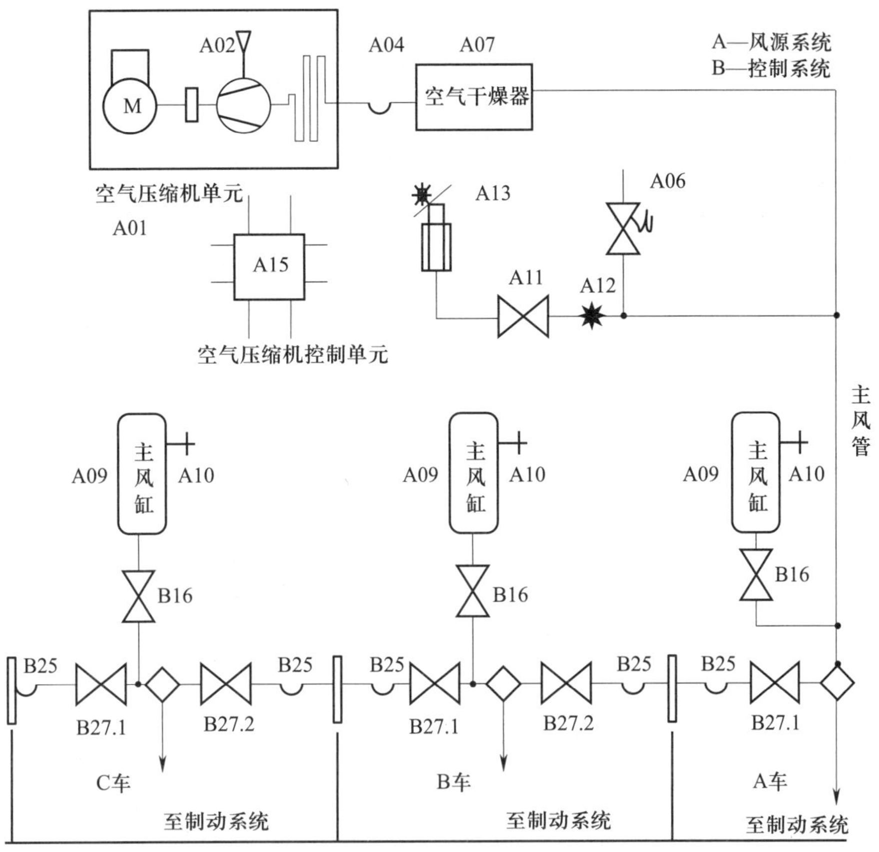


图 7–9　供风系统的组成

A02—空气过滤器　A04—连接软管　A09—主风缸排水塞门　A10—主风缸

A11—排气式截断塞门　A13—总风压力传感器

**1. 空气压缩机单元**

空气压缩机单元通过压缩空气的体积提高气体压力，是为列车提供高压压缩空气的装置，通常由驱动电动机和机体两大部分构成。

**2. 空气干燥器**

空气干燥器用于除去压缩空气的水分、油污、灰尘等杂质，从而延长列车所有气路设备的使用寿命，减小维修、更换零部件的工作量。

**3. 风缸**

风缸的功能是储存空气压缩机产生的压缩空气，稳定供风系统的压力。根据车辆实际运用的需求，供风系统中设置多个不同作用的风缸，一般每节车辆设置一个主风缸、一个制动风缸、一个空气弹簧风缸、一个门控风缸等。

## 二、空气压缩机

根据产生压缩空气的方式不同，将城市轨道交通车辆上常见的空气压缩机分为活塞式与螺杆式两种类型，这两种空气压缩机都属于容积式压缩机，即通过改变容器的体积形成压缩空气。

### 1. 活塞式空气压缩机

城市轨道交通车辆常用的活塞式空气压缩机为克诺尔公司制造的 VV120/150-1 型空气压缩机。此空气压缩机是由 380 V/50 Hz 三相交流电动机驱动、采用风扇冷却的三缸两级压缩式空气压缩机，其排气量为 920 L/min，输出空气压力为 1 000 kPa，转速为 1 450 r/min。

VV120/150-1 型空气压缩机主要由机体、三个压缩气缸、曲轴、连杆、进排气机构、联轴节、驱动电动机、中间冷却器、后冷却器和空气滤清器等构成，两个低压缸和一个高压缸呈 W 形排列，如图 7-10 所示。

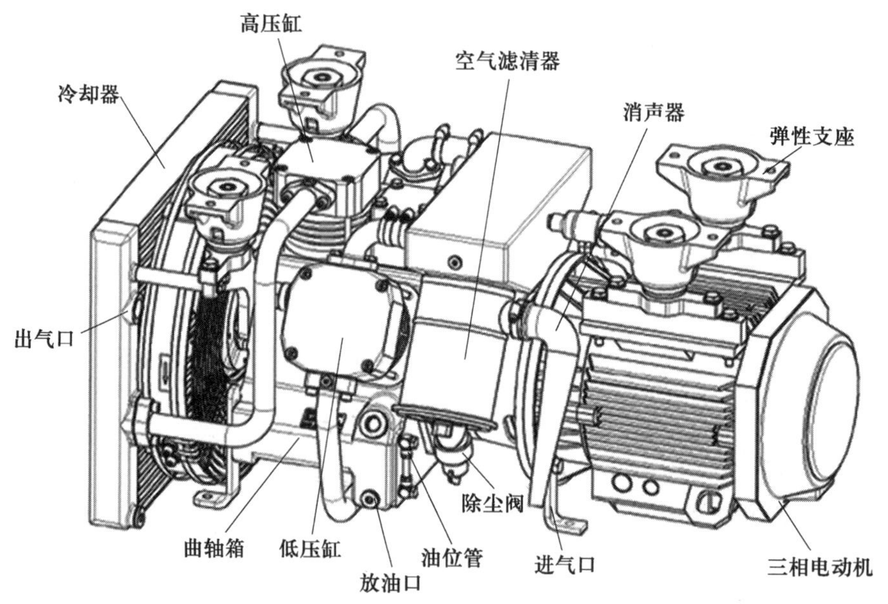


图 7-10　VV120/150-1 型空气压缩机的结构

VV120/150-1 型空气压缩机的工作过程是：空气通过进气口经过空气滤清器过滤杂质，进入两个低压缸进行初级压缩，压缩空气经中间冷却器冷却后，再进入高压缸进一步压缩，高压压缩空气经后冷却器冷却送入干燥器。

**2. 螺杆式空气压缩机**

螺杆式空气压缩机通过一对相互啮合的螺旋副（见图 7–11）与机壳共同形成的密闭空间压缩气体体积，即增大气体压力。两个螺杆中，一个是由电动机驱动旋转的转子，另一个是通过啮合从动旋转的转子，其工作过程分为吸气、压缩与排气三个阶段。

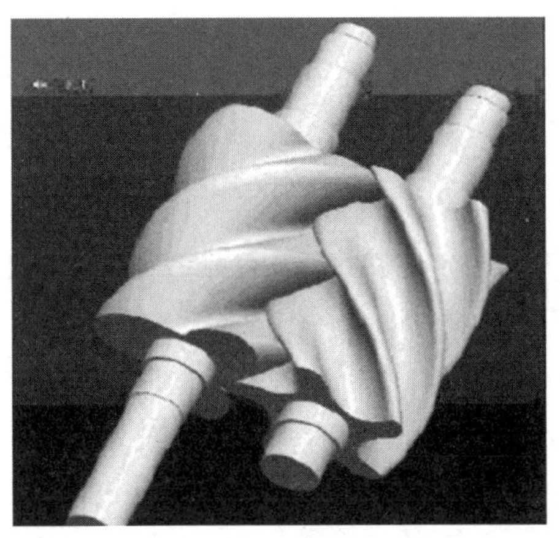

图 7–11　螺杆式空气压缩机的螺旋副

（1）吸气

随转子旋转运动，齿间容积不断扩大，形成一定真空度，此时齿沟空间与空气压缩机进气口的空气相通，因此气体在压差作用下进入空气压缩机。

（2）压缩

吸气结束时两转子齿峰与机壳形成封闭，随转子继续旋转，齿间容积不断减小，且啮合面逐渐向排气口一端移动，压缩气体的体积不断减小，压力不断增大。

（3）排气

当压缩到齿间容积与排气口相通时压缩气体开始排出，直至齿峰与齿沟的啮合面移至排气端面，此时齿间容积变为零，排气完成。

螺杆式空气压缩机具有振动小、噪声小、可靠性好、工作寿命长等优点，在城市轨道交通车辆供风系统中广泛采用。但是，螺杆式空气压缩机工作过程中，压缩空气直接与润滑油接触，易导致压缩空气油污含量超标，影响其他用气设备及气体管路的使用寿命。

## 三、空气干燥器

**1. 空气干燥器的功能**

空气压缩机产生的压缩空气中水分、油污等含量较高，过多的水分在使用过程中会凝结成水，对气路相关设备造成一定危害，例如：

（1）在设备及配管内结冰，引起重大事故。

（2）使设备及配管内锈蚀，缩短使用寿命。

（3）污染设备及配管内部，造成检修困难。

（4）发生锈蚀，引起网路堵塞。

因此，由空气压缩机产生的压缩空气不能直接送入总风缸、制动缸及相关用风设备，必须先经过空气干燥器进行除湿，使压缩空气的相对湿度小于系统的规定值（35%），然后再送入风缸及用风设备。空气干燥器有单塔式和双塔式两种类型（见图 7–12），目前城市轨道交通车辆多采用可持续工作的双塔式空气干燥器。

a)

b)

图 7–12　空气干燥器

a）单塔式空气干燥器　b）双塔式空气干燥器

**2. 双塔式空气干燥器**

双塔式空气干燥器采用两个干燥塔定时循环交替工作，即当一个塔工作在干燥工况时，另一个塔进行干燥剂的再生，满一个循环周期后，两个塔转换工作状态，实现连续工作。

双塔式空气干燥器的工作原理如图 7–13 所示，干燥塔 a 工作在干燥工况，干燥塔 b 工作在再生工况。从空气压缩机产生的压缩空气从进气口 $P_1$ 进入 a 塔，经过油水分离器过滤掉杂质和油污，再通过干燥剂除湿。干燥后的压缩空气大部分通过出气口 $P_2$ 输出供车辆用风设备使用，有一小部分通过干燥塔内部的节流孔流入 b 塔，将 b 塔的干燥剂进行脱水再生。完成再生工作后，相对湿度较大的压缩空气经过油水分离器 3 时，将积聚在拉希格圈上的油污、杂质等从排泄口 A 排出。当工作满一个计时周期后（一般为 4 min），电磁阀失电，双活塞阀变换位置，两个塔变换工作状态，a 塔进入再生工况，b 塔进入干燥工况。

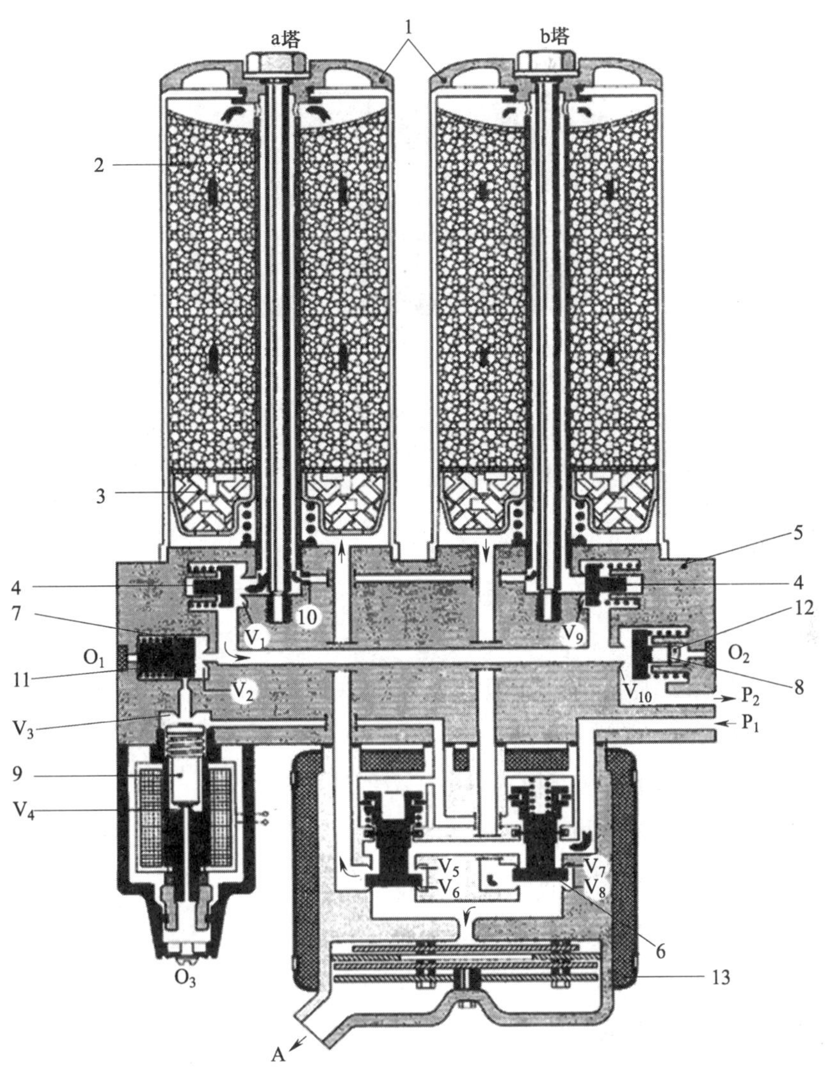


图 7-13　双塔式空气干燥器的工作原理

1—干燥筒　2—吸附剂　3—油水分离器　4—止回阀　5—干燥器座　6—双活塞阀　7、8—克诺尔 K 形环　9—电磁阀　10—再生节流孔　11—预控制阀　12—旁通阀　13—隔热材料　A—排泄口　$O_1$ ~ $O_3$—排气口　$P_1$—进气口　$P_2$—出气口　$V_1$ ~ $V_{10}$—阀座

## 四、供风系统附件

### 1. 空气滤清器

在空气压缩机进气口处设置有空气滤清器，可以减轻空气压缩机的磨损，延长使用寿命。

如图 7-14 所示，空气从空气滤清器入口切向进入，产生旋转流动，惯性力使大颗粒杂质沉积在滤清器内壁上，再落入壳体后盖内，通过隔膜阀排出。干式纸质滤芯对空气进行精细过滤。空气滤清器维护时，安全滤芯可以防止尘土进入空气口。

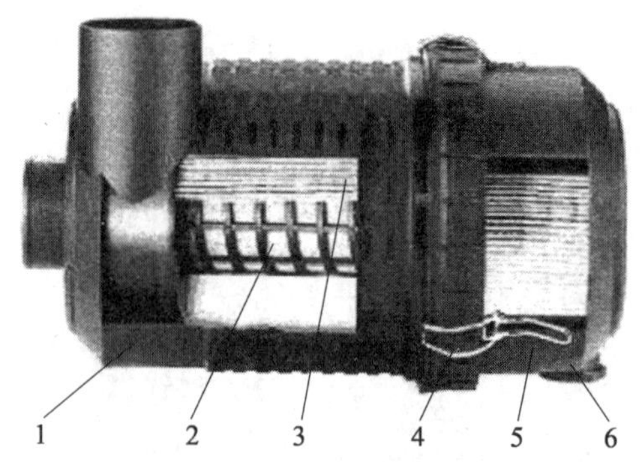


图 7-14　空气滤清器结构

1—壳体　2—安全滤芯　3—滤芯　4—压扣

5—壳体后盖　6—隔膜阀

#### 2. 高压安全阀

为了防止总风压力过高，在空气压缩机的出风口通常设置高压安全阀（见图 7-15），当空气压缩机控制出现故障，总风压力高于系统规定值后仍然不停机时，高压安全阀会被开启，自动打开排气通路，避免列车总风压力一直升高而损坏设备甚至伤人。

#### 3. 总风压力传感器

总风压力传感器的作用为实时检测总风压力值，并将检测数据送入制动电子控制单元（BCE），BCE 根据总风压力值控制空气压缩机的启动、停机。当总风压力小于系统规定的下限值（0.75 MPa）时，空气压缩机启动；当总风压力达到系统规定的上限值（0.9 MPa）时，空气压缩机停机。

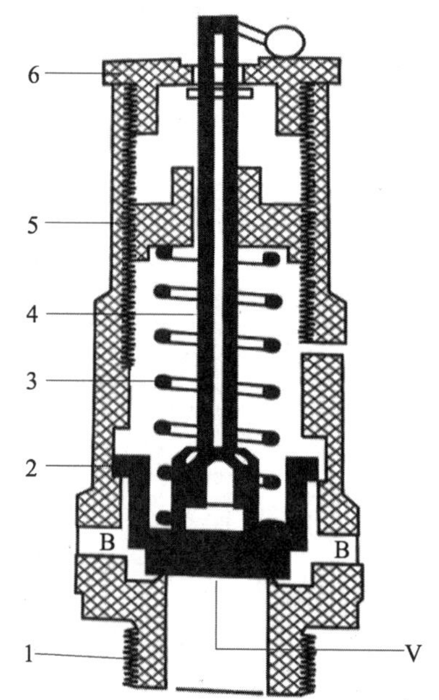


图 7-15　高压安全阀

1—阀体　2—活塞　3—弹簧　4—顶杆

5—调节螺母　6—上盖　B—排气口　V—阀口

#### 4. 压力表

在司机操纵台上设置有压力表，用来指示主风压力值与制动缸压力值。

### 五、风源系统的管理

每列城市轨道交通列车有两套风源系统，在列车运行过程中，一套风源系统工作即可满足列车气路系统的要求，另外一套风源系统处于备用状态。正常情况下，两套风源系统的空气压缩机采用主从控制，即当一节 Tc 车厢上的空气压缩机作为主压缩机运行时，另一节 Tc 车厢上运行的空气压缩机作为从压缩机备用。空气压缩机的启动、停机由计算机制动控制单元进行组织和管理。

空气压缩机的工作模式有正常模式和辅助模式两种，两套风源系统的工作模式按列车运行方向或奇偶日轮换，保证两套风源系统的工作时间大致相等。若把列车 1 位端空气压缩机作为主压缩机（正常模式），则 2 位端空气压缩机就是从压缩机（辅助模式）。

**1. 正常模式**

当系统的主风压力值降低到回复阈值（0.75 MPa）时，主压缩机启动工作，当主风压力值达到 0.9 MPa 时停机。

**2. 辅助模式**

当主压缩机在 0.75 MPa 压力下启动后，主风压力如果继续下降，降低到 0.7 MPa 以下时，从压缩机启动，则主、从压缩机均开始运行。两台空气压缩机同时启动后，均需要在主风压力到达 0.9 MPa 时停机。当主压缩机故障时，可通过转换开关，由从压缩机代替主压缩机工作。

## 第三节 制动控制系统

目前，制动控制系统主要有两大类，一类是以压缩空气作为空气制动信号的空气制动系统，另一类是以电气信号传递制动信号的电气指令式制动控制系统。城市轨道交通车辆普遍采用电气指令式制动控制系统。

制动控制系统为整个制动系统的核心，是确保列车安全运行的重要保障，主要负责接收司机控制器或自动控制系统发出的制动指令，并采集车上各种与制动有关的信号，通过微处理器进行计算，得出列车所需的制动力，再向动力制动系统和空气制动系统发出制动信号。

### 一、制动控制系统的组成

由于电力电子变流技术和计算机技术的应用，城市轨道交通车辆的电气指令式制动控制系统进一步发展，使电气再生制动技术成为可能，也使制动防滑技术更加精确完善。城市轨道交通车辆采用电气指令式制动控制系统协调动力制动和空气制动。制动控制系统主要由电子制动控制单元（EBCU）、空气制动控制单元（BCU）和电气指令单元等组成。制动控制系统组成框图如图 7–16 所示。

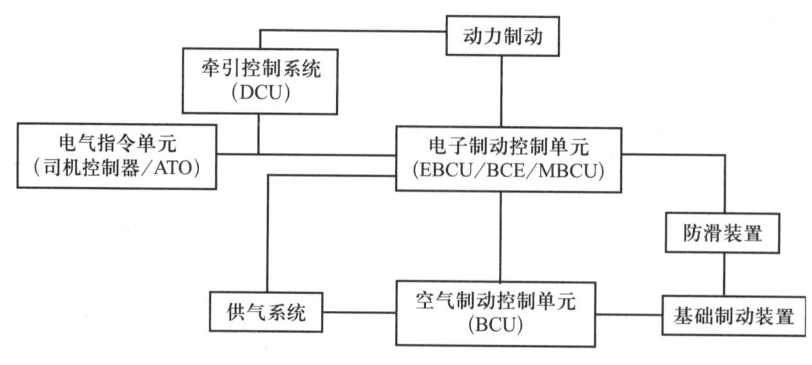


图 7-16　制动控制系统组成

## 二、电子制动控制单元

电子制动控制单元是空气制动管理控制的核心，制动时接收与制动有关的各种信号，由计算机汇总列车运行的速度等参数，经过判断与运算，得出当前所需气制动力大小的电信号给空气制动控制单元，再由空气制动控制单元将电信号转换为同样大小制动力的气信号并实施制动，同时还对制动系统进行故障诊断、记录及显示。电子制动控制单元的主要作用有：

1. 接收司控器或自动驾驶系统指令，与牵引控制系统协调列车的制动和缓解。设有紧急制动 DC110 V 电源回路，当紧急制动被触发时，使全列车迅速以最大空气制动力紧急制动。

2. 将接收的表示制动力大小的电信号通过电－气转换部件转换为压缩空气的气信号发送给空气制动控制单元，在电制动优先施加的前提下进行空气制动补偿，并将需要补足的空气制动力传递到基础制动装置执行制动。

3. 控制风源系统中压缩机组的工作周期，监视主风缸输出压力等参数，以及在主供风系统设备故障时及时调用辅助供风系统设备。

4. 实时收集列车所有车轴速度传感器发出的速度信号，进行滑行监视，发出防滑信号，控制防滑电磁阀动作，实施防滑保护措施。

5. 监视和记录制动时的各种参数和故障，列车回库检修时可用计算机读取数据。

## 三、空气制动控制单元

空气制动控制单元是空气制动的核心，它接受制动系统计算机的指令，然后再指示制动执行部件动作。空气制动控制单元是制动系统中电制动和空气制动的连接点，也是电子、电气信号与气动信号的转换点，由各种不同功能的电磁阀及气动阀组成，是一个以气动元件和气路为主的系统。主要零部件包括：

1. 内部有不同腔室及联通各腔室气体通路的阀体。

2. 控制腔室及各气体通路打开、关闭的活塞和阀门。

3. 控制活塞、阀门活动的弹簧、顶杆和铁芯。

4. 控制顶杆和铁芯的电磁线圈。

5. 电－气或气－电转换部件。

这些部件组合起来实现对单元制动缸压力及压缩空气流量的控制，确保每一次实施制动力的大小与当前制动指令一致。空气制动控制单元结构复杂，制造与维修困难，目前已被机电一体化元件替代，实现了集成化制造，将系统所有的零部件都安装在一块铝合金的气路板上，从而可以避免用管道连接而造成的气体泄漏，同时节约了安装空间且减轻了质量。

## 四、电气指令单元

现代地铁车辆的制动系统均采用电气指令单元，其信号的传递依靠电气指令控制线方式，使制动指令的传输更加快速、准确、可靠，从而使列车制动、缓解迅速，减速停车平稳无冲击，且制动距离缩短。电气指令式制动控制系统按其控制方式不同，可分为数字指令式制动控制系统与模拟指令式制动控制系统。

### 1. 数字指令式制动控制系统

数字指令式制动控制系统是指由二进制数 0 和 1 组成指令代码，通常采用 3 位二进制组合，可形成 000、001、010、011、100、101、110、111 八个二进制编码，在制动过程中，使 0 对应制动控制线 OFF，使 1 对应制动控制线 ON，除去 0 位，可产生 7 级制动力。如果采用更多制动控制线（$n$ 根），可获得更多（$2n+1$）级的制动力。对于城市轨道交通车辆制动操作来说，通常 7 级制动力基本可满足使用要求且操纵方便。

数字指令式制动控制系统具有制动指令传递速度快、制动分级多、制动力均匀、系统操纵灵活、可控性好等优点。日本 Nabtesco 公司生产的 HADA 制动系统及我国研制的 SD 型制动控制系统均采用这种系统。这种控制模式的缺点是采用分级控制，无法实现连续控制。

### 2. 模拟指令式制动控制系统

模拟指令式制动控制系统与数字指令式控制系统的主要不同之处是制动指令的传输通过电压、电流、频率、脉冲波宽度等模拟信号来完成，这些模拟量的大小表示所需制动力的大小。模拟指令式制动控制系统的最大优势为可实现制动的无级连续控制，比较适用于自动控制的列车。模拟指令式制动控制系统与数字指令式控制系统相比，制动操纵更为方便，但它对制动指令传输设备的性能要求较高，否则会使指令传递精度下降，影响制动控制的精确度。

目前，在城市轨道交通车辆中，采用脉冲波宽度调制（PWM）技术的模拟电气指令式制动系统属于较为先进的制动控制系统，在上海、广州等多地的城市轨道交通系统中均有使用。

## 五、制动控制的策略

城市轨道交通车辆制动系统均采用电制动与空气制动实时协调配合的制动方式，且实行电制动优先、空气制动延时投入的混合制动原则。电制动和空气制动均可由车载自动驾驶系统控制或人工操纵司机控制器控制且自动防护系统可进行参与控制。

每辆车上的制动系统的制动计算机控制单元能随时根据车辆载荷及电制动的反馈信号调节空气制动力，以满足不同工况时制动指令对制动力的要求。连续的混合作用可随时改变制动缸的空气压力，从而使电制动力和空气制动力之和满足制动指令和自动驾驶系统控车的要求。如果电制动能力不能满足制动指令要求，则由空气制动自动补足。

### 1. 恒制动率控制

制动控制系统可自动实时检测各车负荷质量，并自动对应调整各制动缸压力，无论是在空载、定员，还是超员工况下，司机控制器的各级制动位都可保持恒定的制动率，得到恒定的制动减速度。

### 2. 电制动优先、空气制动辅助控制

当制动系统接收到列车的制动模式指令及制动需求指令后，根据不同制动需求，系统优先选择使用电制动，如果电制动能力达不到列车需求，空气制动将自动补充电制动力缺失的部分。在不超过黏着限制的范围内，优先充分利用动车的电制动，不足部分由动车、拖车的空气制动共同补充。

## 六、防滑控制

每根车轴上均装有速度传感器，每个 EP2002 阀连续接收该阀控制的转向架上的两个速度传感器的信号，以随时检测滑行，防止车轮擦伤。此速度信息在 CAN 总线单元内的阀之间共享，从而根据防滑算法检测和控制滑行。防滑控制以轴为单位进行。当 EP2002 阀检测到车轮打滑深度大于 5% 时，制动防滑保护系统将被激活，它将控制出现滑行的车轴上两个制动缸的压力，以修正打滑。打滑深度控制在 15% ~ 20% 时，可以获得最大的轮轨黏着。常用制动、快速制动和紧急制动时均具有防滑功能。

防滑控制主要通过以下两种方式实现。

### 1. 检测减速度

对各轴减速度进行评估，检测出各轴减速度大于某一限值的情况，具体数值在试验后确定，若速度传感器检测到列车减速度超过预设值，即判断为滑行出现。

### 2. 检测速度差

比较各轴的速度和列车参考速度，检测出各轴速度差大于某一限值的状态，具体数值在试验后确定，系统比较速度传感器检测的信号，若任两条车轴的速度差超过预设值即判断

为滑行出现。

一旦检测到上述两种情况中的任意一种滑动，控制系统都会以有规律的间隔进行地面速度测试，更新计算出来的实际列车速度。系统能够准确地控制滑动的深度，并进行跟踪调整。这样可以改进后面车轮的附着力情况，并在附着力低的情况下使制动力最大化，并保证不会对车轮造成损伤。当车轮防滑保护算法判定附着力情况已经恢复正常时，系统也会恢复到初始状态并停止定时的地面速度测试。

## 思考与练习

1. 城市轨道交通车辆制动系统有哪些制动模式?
2. 双塔式空气干燥器的工作原理是什么?
3. 简述电制动的工作原理。
4. 城市轨道交通车辆风源系统有何特点?主要包括哪些部分?

# 第八章 空调系统

## 学习目标：

◆ 了解城市轨道交通车辆空调系统各组成部分的名称及功能。

◆ 掌握城市轨道交通车辆空调系统的工作原理。

◆ 了解城市轨道交通车辆空调控制系统的组成及控制模式。

城市轨道交通车辆作为城市轨道交通系统的主体，不但承载着运输乘客的职能，同时还要满足安全、便捷、舒适的要求。尤其是城市轨道交通高速建设发展的今天，随着物质生活水平的提高，人们对于生活环境及人体舒适度的要求也日益增加，空调系统在满足乘客舒适度要求中发挥着重要作用。

城市轨道交通车辆空调系统是调节车厢内空气的温度、湿度、洁净度和气流速度的装置，其基本功能是通过制冷和采暖的方式调节客室及司机室温度，当车内空气浑浊时，能补充新风，达到净化空气的目的。正确使用和操作空调系统，既能满足乘客的乘坐舒适度要求，又能提高车辆运行品质，还可以降低故障出现的概率。

## 第一节 空调系统概述

### 一、空调系统总体介绍

城市轨道交通车辆空调系统的作用是在特定的环境下，将某一特定空间的空气维持在一定的温度、湿度、洁净度和气流速度，以满足乘客乘坐的舒适性要求。在夏季，空调系统能对新鲜空气（新风）和再循环空气（回风）进行冷却、除尘、除湿；在冬季，空调系统能对新风和回风进行除尘、加热、加湿。

随着城市轨道交通的迅速发展，车辆空调系统成为改善车内乘车环境、满足乘客乘坐舒适性要求、提高车辆运行品质的重要保障。

### 二、空调系统的组成

空调系统一般具备通风、制冷、加热、加湿等功能，典型车辆空调系统由通风系统、空气冷却系统、空气加热系统、空气加湿系统和自动控制系统五大部分组成。

通风系统的作用是将车外新鲜空气吸入并与车内再循环空气混合，滤清灰尘和杂质后分配到车内，同时排出车内多余的污浊空气，保证车内空气的洁净度，以及合理的流动速度和气流组织。

通风系统一般由通风机组、空气过滤器、新风口、送风道、回风口、回风道和排废气口等组成。

空气冷却系统（也称制冷系统）的作用是对车内的空气进行降温、减湿处理，使车内空气的温度与相对湿度保持在规定的范围内。空气冷却系统工作时，蒸发器将要送入车内的空气冷却，由于蒸发器表面的温度低于空气的露点温度，空气中的部分水蒸气就会凝结成水滴，形成“空调水”。因此，空气在通过蒸发器冷却的同时也得到了减湿处理。

为保证制冷系统安全、有效地工作，制冷系统除压缩机、蒸发器、冷凝器、节流装置四大件外，还配有贮液器、干燥过滤器、气液分离器等辅助设备。

空气加热系统的作用是在低温时对进入车内的空气进行预热和对车内的空气进行加热，保证车内空气的温度在规定的范围内。空气加热系统通常包括空气预热器和地面空气加热器两部分。在空气温度较低时，通风系统向车内送风过程中，由预热器对空气进行加热，然后再送入车内，而车内地面式加热器对车内空气进行加热，补偿车体和门窗的热损失。

空气加湿系统的作用是在车内空气相对湿度较低时，对空气进行加湿处理，保证车内空气的相对湿度在规定的范围内。加湿最简单的方法是采用电极加湿器。

自动控制系统的作用是控制各功能系统按给定的方案协调、有序地工作，使车内的空气参数控制在规定的范围内，并同时对空调与制冷装置起自动保护作用。电气控制系统一般由各设备的控制电器、保护元件、相关仪表和电路等组成。

## 三、空调系统的特点

城市轨道交通具有载客量大、站点密集、乘客上下车频繁、乘客乘坐舒适性要求高等特点，考虑到运营环境的差异和日益增长的乘车需求，城市轨道交通车辆空调系统应达到小型轻量化、可靠性高、免维护程度高、制冷能力强、自动化程度高、电磁兼容性好、噪声低等要求。

### 1. 小型轻量化

小型轻量化是城市轨道交通车辆空调系统的显著特点。由于城市轨道交通车辆一般比铁路车辆体积小、高度低、运载量大，空调机组通常置顶安装，其体积、质量就受到一定限制。

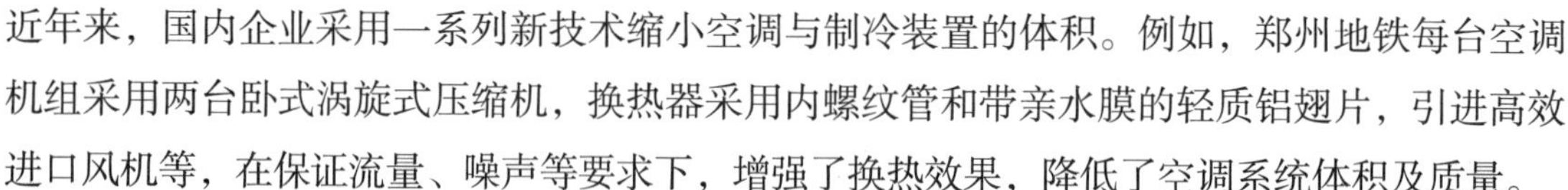

近年来，国内企业采用一系列新技术缩小空调与制冷装置的体积。例如，郑州地铁每台空调机组采用两台卧式涡旋式压缩机，换热器采用内螺纹管和带亲水膜的轻质铝翅片，引进高效进口风机等，在保证流量、噪声等要求下，增强了换热效果，降低了空调系统体积及质量。

**2. 可靠性高**

车辆在运行中会产生较大振动，因此车辆空调系统首先要具备足够的耐振性能。我国铁路运输行业标准《铁道车辆空调　空调机组》（TB/T 1804—2017）对车辆空调设备提出了相应的抗振要求及试验标准，这个标准对于运行条件优于铁路车辆的城市轨道交通车辆空调系统也是适用的。

现在城市的污染程度较大，尤其是沿海城市的盐雾影响，对空调机组的暴露部件（如电动机、换热器壳体等）的耐腐蚀性要求较高，必须采用一系列的保护措施，如采用防护等级较高的电动机，并在电动机外部配合处采用电动机防护技术措施，在换热器上采用耐酸、碱、盐雾腐蚀的覆膜铝翅片，并采用不锈钢板材制造空调机壳体，防止腐蚀，延长空调机组的使用寿命。

**3. 免维护程度高**

安装于车辆上的空调机组并不能像地面制冷机组那样，可以给检修、维护人员一个易于检视的环境和空间。根据铁路客车空调的使用经验，在条件允许的情况下空调系统尽量使用单元式、全封闭式制冷循环系统，并提高免维护的元件使用率。

**4. 制冷能力强**

城市轨道交通车辆基本采用全密封结构，而且城市轨道交通车站站间距短，客室车门开启频繁。因此，客室内部制冷损耗大，制冷效率低。要保持使人体感觉舒适的环境，必须增强空调系统的制冷能力。

**5. 自动化程度高**

城市轨道交通车辆空调系统自动化程度高，能够在出现问题时自动处理，如对非故障问题有自我保护及自我恢复能力，对故障能够自我诊断及记录，以便车辆进站后，能够及时修复。

现代城市轨道交通车辆空调系统都采用微处理器控制，该控制器能够对偶发性非故障现象进行自我诊断，对于实际故障能够诊断记录，可通过便携式计算机进行手动调试。该控制器还可以进行通信，实现上位机的集中控制功能。上海地铁 3 号线司机室空调系统、大连有轨电车空调系统、北京地铁空调系统等都采用了微处理器控制。

**6. 电磁兼容性好**

车辆自动化程度越高，车辆设备及信号控制系统的电磁环境就越复杂。因此，空调系统控制装置要在预期的电磁环境中正常工作，且无性能降低或故障。

### 7. 噪声低

随着人们生活水平的不断提高，对环境污染的要求也越来越高。城市轨道交通是服务于城市的交通方式，其产生的噪声会影响沿线居民和办公人员，因此，噪声限值有严格要求。现代城市轨道交通车辆对空调机组的噪声要求是：在名义工况下，距空调机组 1.5 m 处，空调机组整机噪声不大于 70 dB（A）。

# 第二节　空调系统结构及制冷原理

## 一、空调系统的组成

城市轨道交通车辆空调系统一般由通风系统、冷却系统、加热系统和自动控制系统组成。

### 1. 通风系统

通风系统的作用是将车外新鲜空气吸入并与车内再循环空气混合，滤清灰尘和杂质后，再压送分配到车内，同时排出车内多余的污浊空气，保证车内空气的洁净度，以及合理的流动速度和气流组织。

### 2. 冷却系统

冷却系统（也称制冷系统）的作用是对车内的空气进行降温、除湿处理，使车内空气的温度与相对湿度保持在规定的范围内。

### 3. 加热系统

加热系统的作用是对车内的空气进行预热和加热，保证冬季车内温度在合适的范围内。

### 4. 自动控制系统

自动控制系统的作用是控制通风、制冷或采暖系统的运行及停止，使车内的空气参数控制在规定范围内，符合人体舒适度要求。

车辆的每节车配有两台单元式空调机组，安装在车顶两端；配有电气控制柜，安装在贯通道处；加热系统一般采用电暖，安装在座椅下方；配备一台紧急逆变器，安装在车底架；列车两端司机室内配备一个通风单元，安装在天花板上；在每节车中部布置一台主动排废装置，在车顶端部布置两台被动排废装置。

## 二、空调系统主要组成部件

### 1. 空调机组

城市轨道交通车辆一般在车顶安装两台单元式空调机组，每台空调机组包含一个压缩冷凝单元和两个空气处理单元，通过车顶风道系统向车内送风。单元式空调机组结构如图 8–1 所示。

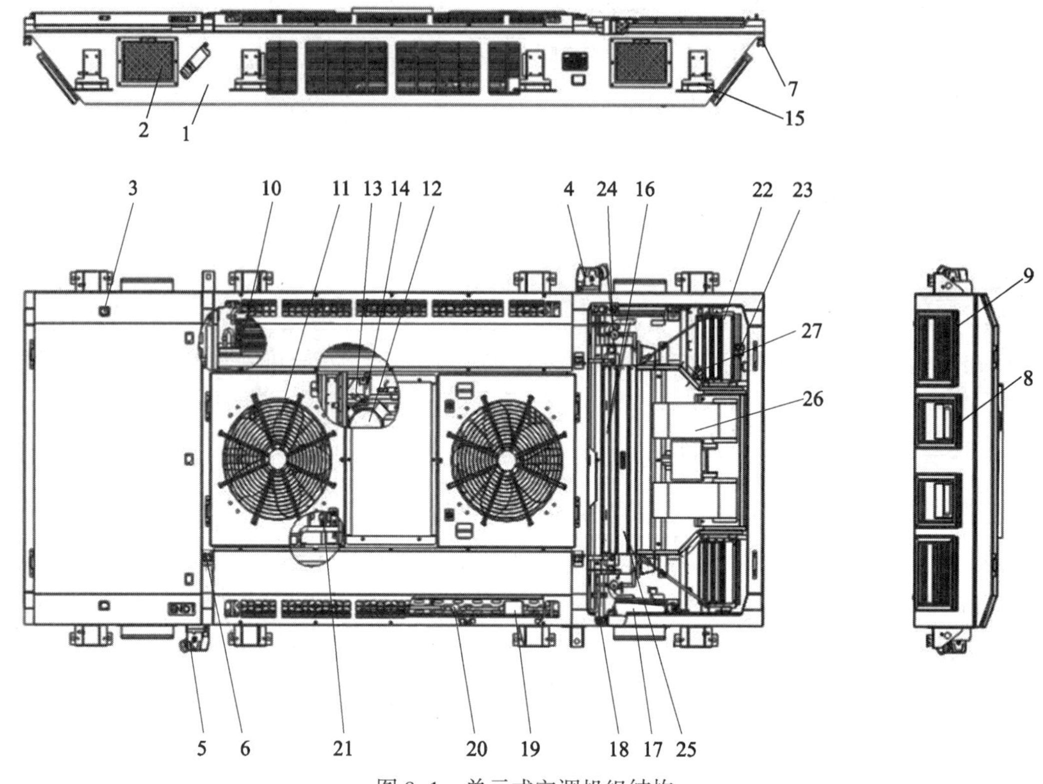


图 8–1　单元式空调机组结构

1—壳体　2—新风口、新风滤网　3—门锁　4—控制回路连接器　5—主回路连接器　6—二次防护插销　7—送风口直密封条　8—送风口密封条　9—回风口密封条　10—冷凝器　11—轴流风机　12—压缩机　13—高压压力开关　14—止逆阀　15—减振器　16—混合风滤网　17—新风风阀　18—新风温度传感器　19—干燥过滤器　20—视液镜　21—低压压力开关　22—回风风阀　23—回风温度传感器　24—热力膨胀阀　25—蒸发器　26—离心风机　27—送风温度传感器

空调机组框架组采用不锈钢外壳，蒸发腔盖板通过方孔锁紧固，易于拆卸维修，通过八个带橡胶减振器的安装座安装在车体结构上，设有两个电气连接器，设在空调机组新风口附近。空调机组的主要部件及功能如下：

（1）压缩机

压缩机为全封闭卧式压缩机，将电动机、压缩机构及供油系统组装在同一个密封的机壳内。压缩机通过橡胶减振器安装在空调机组箱体内。制冷压缩机的作用是将来自蒸发器的低温低压的制冷剂压缩成高温高压的气体，并送往冷凝器。压缩机外形如图 8–2 所示。

图 8–2 压缩机外形

（2）通风机

通风机如图 8–3 所示，分为室内侧通风机和室外侧通风机。室内侧通风机为直联多叶片式离心风机，可以强化冷媒在蒸发器中的蒸发过程，并将经蒸发器冷却降温的空气或经电加热器加热升温的空气送入车内。室外侧通风机为直联轴流式风机，风机的叶轮安装在立式电动机上，并采取防水结构，用于强化冷媒在冷凝器中的凝结放热过程。

图 8–3 通风机

（3）蒸发器

低温低压的气液混合冷媒在蒸发器（见图 8–4）内蒸发，当车内循环空气和新鲜空气混合后，通过蒸发器时进行热交换。这时，空气的热量被蒸发器内的冷媒吸收，温度降低。

（4）冷凝器

冷凝器（见图 8–5）为主要的热交换设备，其结构形式与蒸发器相同。高温高压的制冷剂通过冷凝器时，在外界空气的强制冷却下，变成常温（约 50 ℃）高压的冷媒液体。

图 8–4 蒸发器

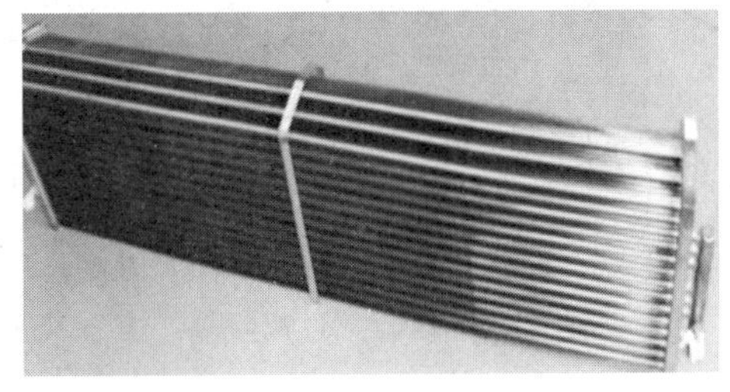

图 8–5 冷凝器

（5）热力膨胀阀

热力膨胀阀（见图 8–6）位于冷凝器之后。从冷凝器来的高压制冷剂液体在流经热力膨胀阀后，压力降低而进入蒸发器。热力膨胀阀除了起节流作用外，还起调节进入蒸发器制冷剂流量的作用。通过热力膨胀阀的调节，制冷剂离开蒸发器时有一定的过热度，避免制冷剂液体进入压缩机。

（6）干燥过滤器

由于制冷系统在充灌制冷剂前难以做到绝对干燥，总含有少量的水汽。当制冷循环系统中存在水分时，如果蒸发温度低于 0 ℃，则会在节流机构中产生冰堵，影响系统的正常运行。干燥过滤器（见图 8–7）中的干燥剂用来吸收制冷循环系统中的水分，过滤器用来清除系统中的一些机械杂质，如金属屑和氧化皮等，避免系统中出现“冰堵”和“脏堵”。

图 8–6 热力膨胀阀

图 8–7 干燥过滤器

（7）高、低压压力开关

当制冷系统的压力异常高时，高压压力开关（见图 8–8）动作，停止压缩机的运转，保护制冷系统。高压压力开关的复位方式为自动复位。当制冷系统的压力异常低时，低压压力开关（见图 8–9）动作，压缩机停止运转，保护制冷系统。低压压力开关的复位方式为自动复位。

图 8–8 高压压力开关

图 8–9 低压压力开关

（8）视液镜

视液镜（见图 8–10）用于观察制冷系统中制冷剂的流量及干燥程度，其中心部位的纸芯用来指示制冷剂的含水量。当纸芯遇到不同含水量的制冷剂时，其水化合物能显示不同的颜色，从而根据纸芯的颜色判断含水的程度。当纸芯颜色为紫色时，表明制冷剂含水量正常；当纸芯颜色开始偏红时，说明系统中制冷剂的含水量已到了需加强跟踪的警示位置；当纸芯颜色为粉红色时，必须尽快更换干燥过滤器。

（9）温度传感器

空调系统分别在客室、新风入口、送风管道处设有温度传感器（见图 8–11），用于监测客室温度、环境温度和已处理空气的温度，对温度采样值进行判断，进而控制空调机组的运行模式。

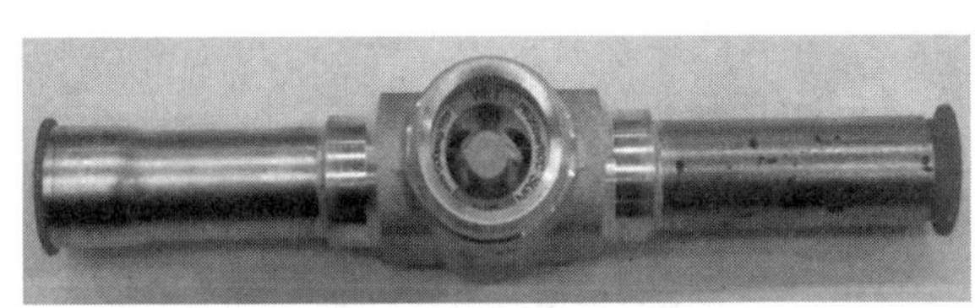

图 8–10 视液镜

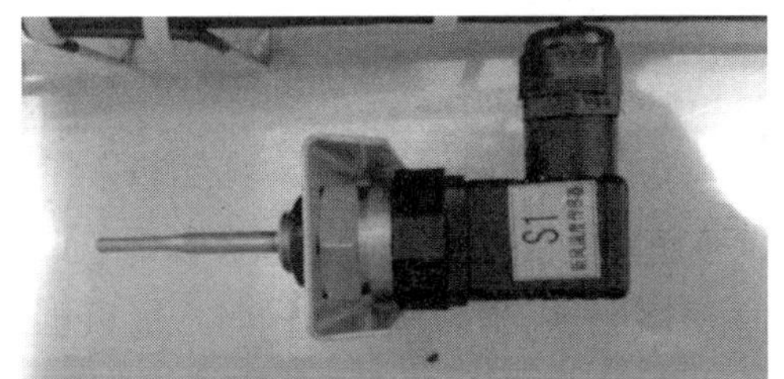


图 8–11 温度传感器

**2. 通风系统**

通风系统由通风机组、通风管道、风口、空气过滤器等部件组成，有机械强迫通风和自然通风两种方式。城市轨道交通车辆采用的是机械强迫通风方式，依靠通风机所造成的空气压力差，通过车内送风道输送经处理后的空气，从而实现通风换气。机械强迫通风系统是车辆空调装置中唯一不分季节长期运转的系统，它的质量直接影响乘客的舒适度和空调的经济性。

（1）通风机组

常用的通风机有轴流式、离心式和贯流式三种。在车辆通风系统中常采用离心式通风机送风，排风机和冷凝风机采用轴流式通风机。

通风机组是通风系统的动力装置，其作用是吸入车外新风和室内回风，并将处理后的混合空气加压，通过主风道送入客室。

为了使通风机及其驱动电动机所产生的噪声尽量少地传入客室，在安装通风机组时应采用有效的隔音减振措施，如在通风机组的安装座上加装橡胶减振器、在通风机机壳上敷阻尼涂料、在主风道与通风机连接的风管处采用帆布或人造革制作的软风道等。

（2）通风管道

通风管道的作用是疏通空气。在送风系统里，依靠风道把处理好的新鲜空气输送到客室；在排风系统里，依靠风道把需要排出的污浊空气输送到车外。通风管道包括主风道、回风道和排风道。

主风道的作用是将经过空气冷却器或预热器处理后的空气输送到客室内。主风道中常装有调风机构，用以调节通过风道的风量，达到向每个送风口均匀送风的目的，调节方式可以手动或自动。回风道是室内回风使用的风道，一端与回风口相连，另一端与通风机相通。排风道是用来排出车内污浊空气的风道，一端连接排风口，另一端连接排风机或自然通风器。

（3）风口

风口包括新风口、送风口、回风口和排风口。

新风口是新鲜空气的吸入口。新风口一般装有新风格栅，用以防止杂物及雨雪进入车内，另外还设有新风过滤网（见图 8–12）和新风调节装置，以便根据需要调节新风量，同时在通风机停止运转时便于关闭新风口。

图 8–12　新风过滤网

送风口用于向客室内分配空气。送风口处大多装有送风器及风量调节机构，它不但使客室内送风均匀、温度均匀，达到气流组织分布合理的效果，还可以根据需要调节送风量的大小，送风口处一般也装有送风滤网。

回风口是室内再循环空气的吸入口。正常情况下，客室内一部分空气应作为回风。回风与新风混合前是在客室中被充分循环过的，与新风混合过滤后，通过蒸发器入口进入。可设置调节挡板，用于调节新风、回风的混合量。

排风口是排出车内污浊空气和多余空气的出口。由于外界新鲜空气不断送入车内，为保持车内压力恒定，将与新风等量的车内污浊空气通过排风口排出车外。通风系统气流组织过程如图 8–13 所示。

（4）空气过滤器

空气过滤器是利用过滤材料除掉空气中悬浮颗粒的设备。空气中的尘埃不仅会影响乘客的舒适和健康，还会影响车内清洁，甚至恶化某些空气处理设备的处理效果（如加热器、冷却器的热交换效果）。因此，在通风系统中必须设置空气过滤器，一般设有新风过滤器、回风过滤器，且装在空气处理器的前端，以减少后续设备的表面积灰。

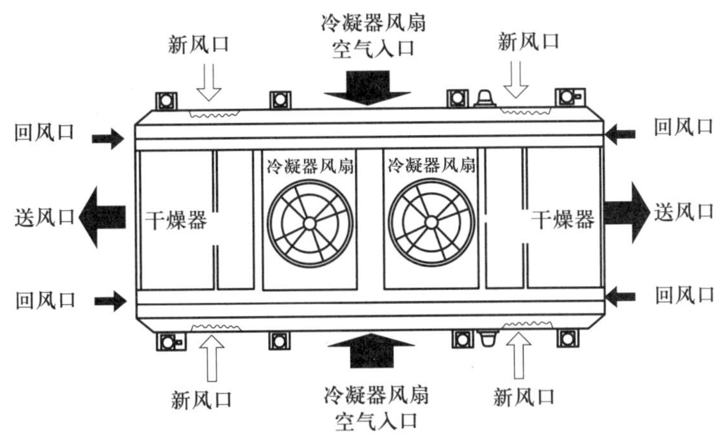


图 8-13　通风系统气流组织过程

## 三、空调机组制冷原理

### 1. 制冷循环基本原理

制冷剂在制冷回路中循环流动，并且不断地与外界发生能量交换，即不断地从被冷却对象中吸取热量，向环境排放热量。为了实现制冷循环，必须消耗一定的能量。在制冷方法中，液体汽化制冷应用最为广泛，车辆空调机组采用的是蒸汽压缩式制冷。

蒸汽压缩式制冷属于液体汽化制冷。在一定的压力下，液体温度达到沸点就会沸腾。在制冷技术中，液体达到沸点的温度称为蒸发温度。对沸腾的液体继续加热，它就会不断蒸发，而在这个过程中，热量也不断被液体吸收。在相同压力下，不同液体的蒸发温度不同，需要吸收的热量（也称汽化潜热）也不同。例如，在标准大气压下，水的蒸发温度为 100 ℃，汽化潜热为 2 258 kJ/kg，常用制冷剂 R-12（氟利昂 -12）的蒸发温度为 -29.8 ℃，汽化潜热为 165.3 kJ/kg。

### 2. 蒸汽压缩式制冷过程

蒸汽压缩式制冷循环系统主要是由压缩机、冷凝器、膨胀阀和蒸发器四个部件组成，并用管道连接，形成一个封闭的循环系统。其制冷过程为：液体制冷剂在蒸发器中吸收室内空气的热量，汽化成低压低温的蒸汽后被压缩机吸入。压缩机消耗一定的机械能将制冷剂蒸汽压缩成高温、高压的气体并将其输入冷凝器，在冷凝器内通过冷凝风机吸入外界空气来强化对流，增强换热效率，完成强制冷却。经过冷凝器后的制冷剂成为常温、高压的液体，液体制冷剂进入贮液筒、干燥过滤器、流量显示器后，再次被分成两路，每一路都先通过液体管路电磁阀到达热力膨胀阀。制冷剂在膨胀阀中被节流降压，变成低温、低压的气液混合状态，液体制冷剂在蒸发器管内吸收需冷却的空气热量，并由液态蒸发变成气态，气态的制冷剂被再次吸入到压缩机重新压缩。压缩机不断工作，系统往复循环，达到连续制冷的效果。

制冷循环系统结构如图 8–14 所示，蒸汽压缩式制冷过程如图 8–15 所示。

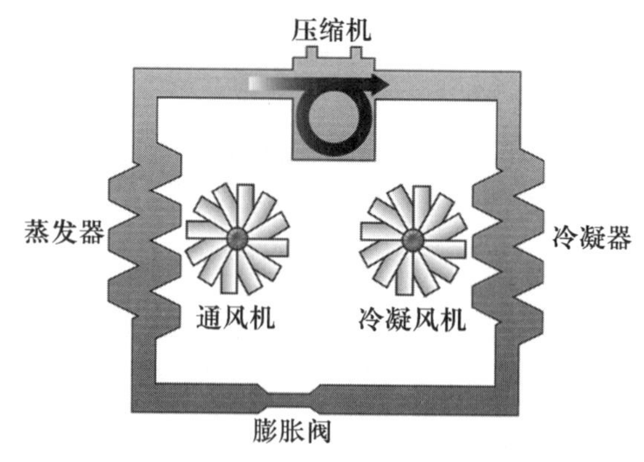


图 8–14　制冷循环系统结构

**3. 空气处理过程**

以广州地铁 9 号线为例，车辆空调机组采用双端送风、双端回风形式，新风口设在机组两侧。冷凝风进出口、新风口合理布置，使空调机组外部气流组织分配合理，避免了冷凝出风直接进入新风的短路情况，如图 8–16 所示。

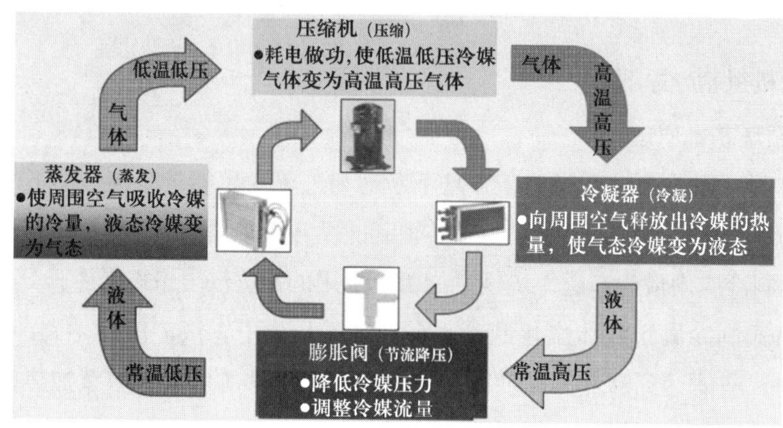


图 8–15　蒸汽压缩式制冷过程

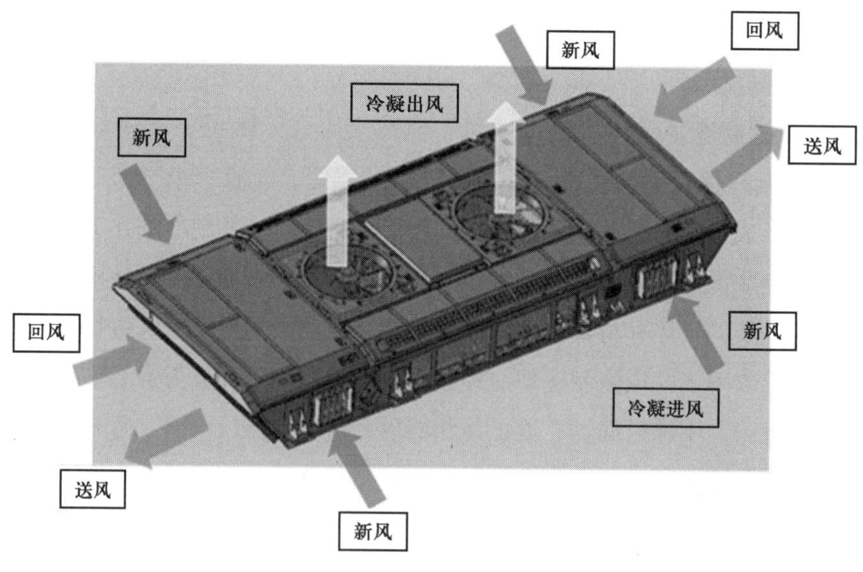


图 8–16　空气处理过程

# 第三节 空调控制系统

列车空调系统中，每节车有一个控制模块，监控空调单元的运行。控制模块根据数据对比所需要达到的温度和各个温度传感器的信号来控制空调单元的运行，同时还监测空调运行的安全因素，保证空调单元高效、安全运行。

## 一、空调控制系统的组成

空调控制系统由空调控制柜、传感器（如温度传感器、压力传感器等）和空调控制电路等组成。空调控制系统的主要功能包括：通过多功能车辆总线和列车进行通信、温度采集和控制、通过接触器控制各部件、控制风门、故障诊断和记录等。

每节车设有两台空调控制器，分别控制一节车的两台空调机组运转。空调机组的运行模式和故障诊断由微处理器控制，可实现客室通风、预制冷、制冷、新风调节、紧急通风等功能，并根据运行条件自动调节制冷量大小。该控制系统采取控制柜形式，所有电气元件均布置在空调控制柜上，安装在车内空调中，便于操作与维护。

控制系统设有集成了多功能车辆总线网卡的通信控制器，每节车的两台空调控制器通过同一个通信控制器与列车中央控制单元通信，上传空调机组的工作状态和故障信息，接收列车中央控制单元发送的工作指令。

同时，控制系统将对空调机组进行诊断，将空调系统各元件的状态信息和故障信息发送给列车中央控制单元。每节车内的空调控制器通过总线结构与列车网络进行通信。

## 二、空调系统的控制模式

每辆车的空调控制柜内均设置有集控、本控选择开关。列车正常运行时选择集控模式，此时整列车所有车辆的空调通风和采暖系统工作状态受激活端司机室指令控制；列车检修时选择本控模式，车辆将接受本车空调控制柜内功能选择开关的控制，此时空调控制器保持对列车监控系统的通信和状态更新。

### 1. 空调的开启和关闭

列车空调系统开启和关闭必须在激活端的司机室进行操作，通过按压设在副司机台的空调开、关按钮即可开启或关闭整列车的空调机组。若开停“空调 A”按钮，则仅开停列车头端 A 车的空调机组。每节车的电子柜内装有空调控制板和温度控制板，温度控制板可对单节车空调机组的运行模式和温度值进行设定，空调控制板控制每节车的两台空调机组，并能完成故障的诊断和记录，通过相关应用软件可以进行实时通信。

#### 2. 车辆显示屏控制

司机室内除了操纵台上的三个按钮开关之外，其他所有对空调系统的操作均通过显示屏进行。在显示屏的主界面选择“空调”按钮，进入空调界面（见图 8–17）。在空调界面中，空调机组的运行状态通过不同的符号表示，便于司机快速查看各空调机组的运行状态。各种空调运行符号的表示状态和优先级如图 8–18 所示。

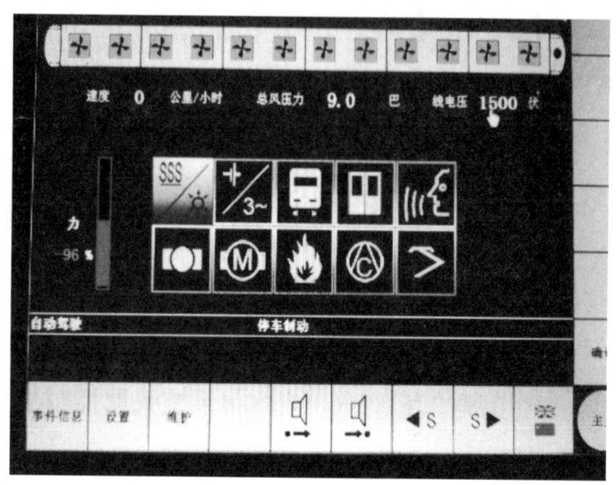


图 8–17　空调界面

| 优先级 | 符号 | 状态 | 优先级 | 符号 | 状态 |
|---|---|---|---|---|---|
| 1 |  | 空调故障 | 5 |  | 限制制冷 |
| 2 |  | 空调警告 | 6 |  | 正常运行 |
| 3 |  | 紧急通风模式 | 7 |  | 空调断开 |
| 4 |  | 通风模式 |  |  |  |

图 8–18　各种空调运行符号的表示状态和优先级

#### 3. 本控模式

车辆在检修时选择本控模式，此时只需将空调控制柜内的选择开关打到“本控”位即可。在本控模式下，空调控制器保持对列车监控系统的通信和状态信息更新，但是不再执行列车监控系统发来的控制命令。本控模式具有通风、半冷、全冷、半暖、全暖、停止和服务等操作模式。

#### 4. 集控模式

当空调控制板 8 位选择开关置于自动挡位时，机组就工作于集控模式。此时可以通过操作司机室集控旋钮开启或关闭空调，也可以通过操作显示屏实现系统的启动、停止、自动、手动、通风、半暖、全暖指令控制；显示屏通过与列车监控系统、空调控制器的通信，实现对空调通风和采暖系统的监控和信息传递。

**5. 故障模式**

当列车总线故障，空调控制器与车辆主控单元通信中断时，空调机组将继续运行当前的模式，直到需要改变运行模式时，自动转入通风模式或停机。压缩机不允许再次启动和加载。

（1）若空调机组当前处于停机模式，则继续保持停机模式。

（2）若空调机组当前处于通风模式，则继续保持通风模式。

（3）若空调机组当前处于半冷模式，则继续保持半冷模式，直到客室内温度达到设定的目标温度时，即自动转入通风模式。

（4）若空调机组当前处于全冷模式，则继续保持全冷模式，直到客室内温度达到设定的目标温度时，即自动转入通风模式。

（5）若空调机组当前处于紧急通风模式，则继续保持紧急通风模式，直到运行紧急通风 45 min 后停止。

**6. 减载模式**

当仅有一台辅助逆变器发生故障时，将不切除空调机组，故障辅助逆变器所承载的负载自动分散到其余的辅助逆变器。当两台辅助逆变器发生故障，将切除每台空调中的一台压缩机，故障辅助逆变器所承载的负载自动分散到其余的辅助逆变器。如果有更多的辅助逆变器发生故障，将切除全部压缩机，此时运行通风模式。当所有辅助逆变器发生故障时，为保持客室风量供应，紧急逆变器将激活，并将电池提供的 110 V 直流电转换成交流电为送风机供电。此时两个使用正常电源 DC110 V 的回风门也将被关闭，只有新风进入客室。在紧急运行中，司机室通风单元的风机关闭，在中央送风风道的作用下，送风进入司机室。

## 第四节 空调附属设备

城市轨道交通车辆空调系统是一个集通风、制冷（制热）等功能的多部件组成的集合体，城市轨道交通车辆空调装置除主要部件外，还有许多重要的附属设备。

### 一、司机室通风单元

城市轨道交通车辆司机室内一般不设单独的空调机组，为了保证司机室的送风量和温度，司机室内会配备一个通风单元，安装在 Tc 车司机室天花板上。空调风从相邻客室的风道经通风单元引入司机室，同时为司机室提供制冷。司机室通风单元中装有通风机，送往司机室的风量可手动进行三级（240 m$^3$/h、450 m$^3$/h、645 m$^3$/h）调整，以满足不同条件下的要求。送风经通风机增压后通过八个可调喷嘴送出，送风方向可多向调节。司机室通风单元如图 8–19 所示。

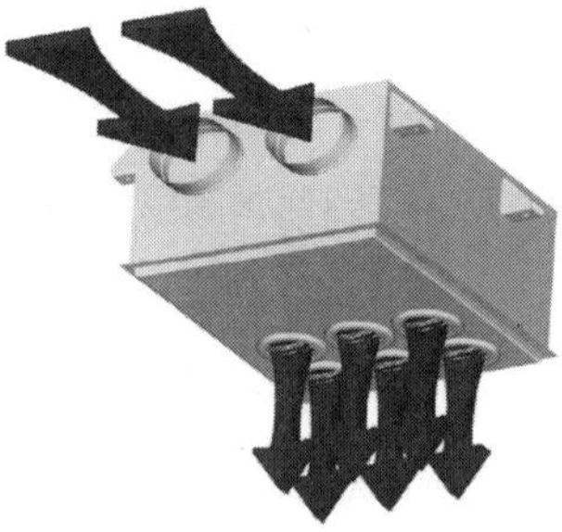

图 8–19　司机室通风单元

## 二、辐流风机

城市轨道交通车辆空调装置中的辐流风机是安装在地铁列车、轻轨列车天棚上的通风换气装置，其作用是促进空气对流，减小客室内温度差，为乘客提供舒适的乘坐体验。

辐流风机的叶轮在电动机的驱动下高速旋转，产生流场，介质在叶道内流动，在叶片的作用下，达到通风换气的目的。辐流风机（见图 8–20）的结构包括电动机、减振器和出风口装置，电动机通过法兰和风机叶轮连接，摇头小电动机和风机叶轮连接，电动机和风机叶轮之间设有摇头连杆。

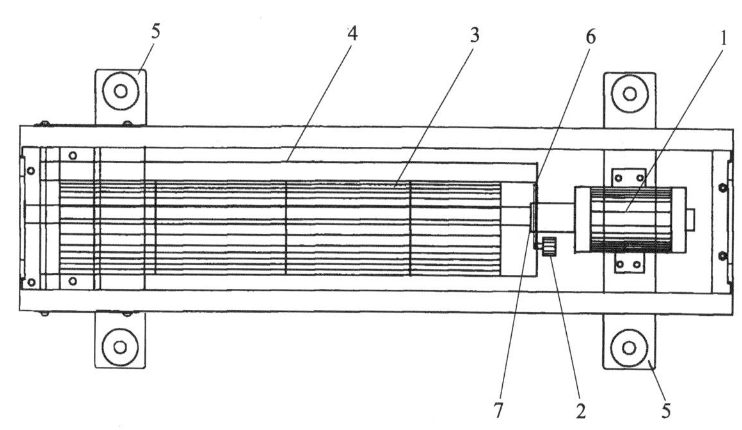


图 8–20　辐流风机

1—电动机　2—摇头小电动机　3—风机叶轮

4—出风口装置　5—减振器　6—摇头连杆　7—法兰

## 三、风道与排废装置

### 1. 风道

一般情况下，为了实现整车送风均匀，城市轨道交通车辆采用静压风道。其工作原理是：空调机组下部送出的风进入车内主风道，并沿主风道在推进过程中进入静压箱，进行静压平衡调节，使得在主风道的不同截面上，具有不同静压的空气在静压箱中得到平衡，并形成一定的静压值，空气通过静压箱开口时静压会转换成一定的动压喷射出去，从而达到均匀送风的目的。回风口沿车体长度方向布置，保证回风滤网等设备检修的同时，最大限度地保证车内造型美观。

风道由铝合金板材铆接而成，外部保温，质量轻，结构牢固，强度高。风道保温材料采用发泡橡塑材料，具有良好的保温性能和防水性能，可最大限度地防止冷量散失。风道系统如图 8–21 所示。

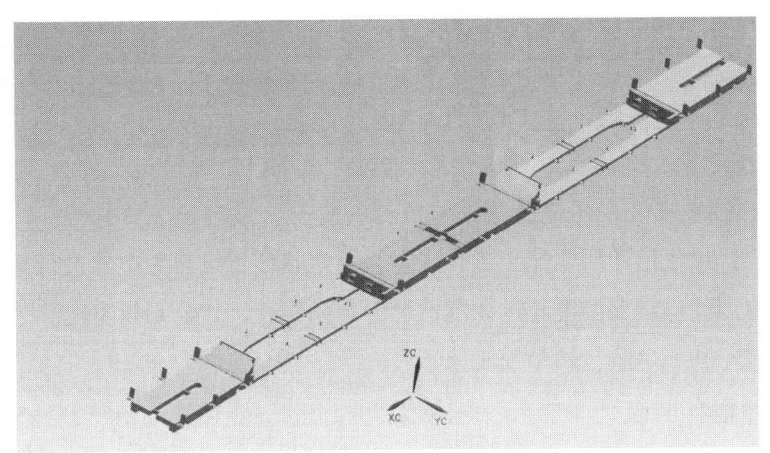


图 8–21 风道系统

**2. 排废装置**

城市轨道交通车辆考虑客室内向客室外的换气功能，在车体适当位置设置排气口，并在车体侧墙考虑适当的风道，确保客室内向客室外排气功能的实现，以防客室内正压过高造成新鲜空气输入量减少和对关门造成困难。通过在司机室间壁门上开通风口，可实现司机室送风单元在不同工作情况下的功能：司机室送风单元风机调到高速时，由司机室向客室回风；司机室送风单元全部关闭时，可实现司机室和客室间的压力平衡。

广州地铁 9 号线车辆每节车中部布置一台主动排废装置，在车顶端部布置两台被动排废装置，在车内正压和主动排废风机的作用下排出车内废气。

## 四、加热器

冬季时，城市轨道交通车辆客室的热损失较大，必须加设取暖装置，以补偿客室内的热损失，从而保证冬季车内空气的温度达到指定的范围。由于司机长时间在司机室工作，同时穿的衣服比乘客要少，因此，司机室的温度要比客室的温度稍高，才能满足司机的舒适性要求。除了采用司机室送风单元为司机室送入热风外，还可在司机室中设置电热器，满足司机室的舒适性要求。

根据热媒不同，客室加热器也可分为温水加热器和电热器两种。城市轨道交通车辆通常采用在座椅下方的电热器，即地面式取暖装置。采用这种方式时，被加热的热空气较客室内上层冷空气轻，可以产生客室内上、下空气环流。

图 8–22　客室电热器

客室电热器（见图 8–22）安装在座椅底部的安装座上。每组电热器内设两支电热管，两支电热管分两路，可分别或同时工作、停止。电热器设“全暖”和“半暖”两个控制位，由司机集中控制。

司机室电热装置安装在司机台下，风机与电热器设置连锁，风机启动后电热装置投入运行。电热装置设热继电器进行超温保护，当由于风机故障等原因使电热器温度超过设定值时，自动停止工作。司机室电热装置由司机手动操作，设“半暖”和“全暖”两个控制位。

## 五、空调控制柜

城市轨道交通车辆的空调控制柜（见图 8–23）用于控制本车空调机组的操作和显示。一般在每辆车上设有一个空调控制柜，与客室内的空调装置一起对空调进行控制。

每节车设有两个空调控制单元，安装在车辆客室空调电气柜中。空调控制单元及其他所有空调控制所需要的元器件均安装在控制板上。控制板上设有空调控制旋钮开关，包括自动、关断、试验、通风、24 ℃、25 ℃、26 ℃、27 ℃等挡位。

空调系统通过传感器、控制元件和列车控制系统，可以实现自动化控制。一般来说，自动化包括以下几方面：

1. 自动监视，自动记录某些参数随时间的变化情况。

2. 自动显示，用发光二极管或蜂鸣预示某一参数已达到规定数值。

3. 自动保护，当某一参数达到危险的数值时，使机器停止工作。

4. 自动控制，使系统中各元件按规定的顺序启动及停止运转。

5. 自动调节，使某些参数保持给定的数值或按设定的规律变动。

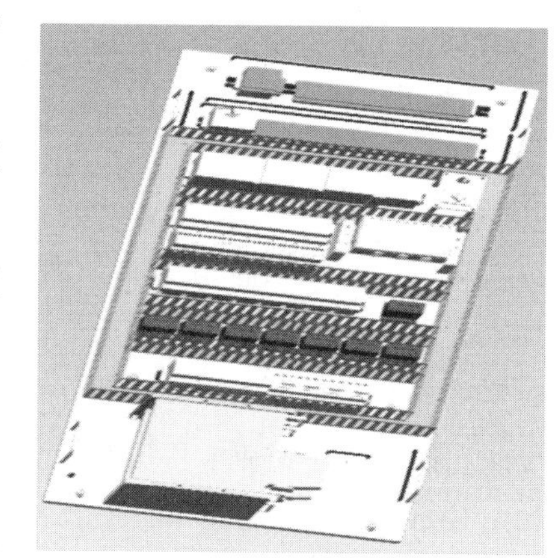
图 8–23　空调控制柜

## 思考与练习

1. 城市轨道交通车辆空调系统具有哪些特点?
2. 空调系统制冷的原理是什么?
3. 简述城市轨道交通车辆空调系统的组成。
4. 城市轨道交通车辆空调系统有哪些附属设备?

# 参 考 文 献

［1］邱志华，彭建武．城市轨道交通车辆构造［M］．北京：人民交通出版社股份有限公司，2016.

［2］刘柱军．城市轨道交通车辆构造［M］．北京：人民交通出版社，2013.

［3］曾青中，韩增盛．城市轨道交通车辆［M］．2 版．成都：西南交通大学出版社，2009.

［4］华平，唐春林．城市轨道交通车辆电气控制［M］．北京：机械工业出版社，2011.

［5］连苏宁．城市轨道交通车辆构造［M］．北京：机械工业出版社，2011.

［6］仇海兵．城市轨道交通车辆及操作［M］．北京：人民交通出版社，2009.

［7］任翠纯，吴亮．PC7Y 型及 PC7YF 型踏面单元制动器［J］．铁道车辆，1997.

［8］俞绩伟．城市轨道交通车辆制动系统的特点及发展趋势研究［J］．科技展望，2016.

［9］李友瑜，杨守焕，阳吉初，刘能文．地铁列车制动电阻的种类及优化设计［J］．城市轨道交通研究，2010.

［10］李冠周．关于地铁车辆分体式贯通道的设计分析［J］．科技创新与应用，2017.

［11］吴丹丹，沈金焕．克诺尔 PEC7 型闸瓦制动单元调节器异响浅析［J］．轨道交通装备与技术，2014.

［12］李培．地铁不锈钢车体结构性能研究［D］．大连：大连交通大学，2010.